发电企业一体化运营管控与应用

李飞 编著

企业管理出版社

图书在版编目（CIP）数据

发电企业一体化运营管控与应用/李飞编著．—北京：企业管理出版社，2022.12
ISBN 978-7-5164-2746-0

Ⅰ．①发… Ⅱ．①李… Ⅲ．①发电厂—工业企业管理—研究 Ⅳ．① F407.61

中国版本图书馆 CIP 数据核字（2022）第 211460 号

书　　名：	发电企业一体化运营管控与应用
书　　号：	ISBN 978-7-5164-2746-0
作　　者：	李　飞
责任编辑：	解智龙　　宋可力
出版发行：	企业管理出版社
经　　销：	新华书店
地　　址：	北京市海淀区紫竹院南路 17 号　　邮　编：100048
网　　址：	http://www.emph.cn　　电子信箱：emph001@163.com
电　　话：	编辑部（010）68701638　　发行部（010）68701816
印　　刷：	北京联兴盛业印刷股份有限公司
版　　次：	2022 年 12 月第 1 版
印　　次：	2022 年 12 月第 1 次印刷
开　　本：	787mm×1092mm　1/16
印　　张：	14.25
字　　数：	254 千字
定　　价：	88.00 元

版权所有　翻印必究　·　印装有误　负责调换

前言 PREFACE

新一轮信息革命蓬勃发展，推动全球加速进入数字经济时代，人类社会已经迈入以信息革命为驱动力的大变革时代，以数字化、网络化、智能化为特征的工业互联网正在驱动工业全要素、全产业链、全价值链实现深度互联，推动生产和服务资源优化配置，促进制造体系和服务体系再造，在工业智能化转型过程中发挥着核心支撑作用。

国家各层级十分重视数字化转型，把数字化转型发展提升至国家战略的新高度。国家开始布局制造业跨领域、跨行业协同创新，促进新一代信息技术与制造业深度融合，推动我国制造业走数字化、网络化、智能化的创新驱动发展道路。2016 年 5 月，国务院发布了《国务院关于深化制造业与互联网融合发展的指导意见》（国发〔2016〕28 号），进一步部署制造业与互联网融合"双创"平台建设工作，围绕制造业与互联网融合关键环节，加快推动"中国制造"提质增效升级。2017 年 10 月，党的十九大提出了加快建设创新型国家的要求，其中，推动互联网、大数据、人工智能和实体经济深度融合，是深化供给侧结构性改革的途径。2017 年 11 月，国务院发布了《国务院关于深化"互联网＋先进制造业"发展工业互联网的指导意见》，通过系统构建网络、平台、安全三大功能体系，打造人、机、物全面互联的新型网络基础设施，形成智能化发展的新兴业态和应用模式，指明了规范和指导我国工业互联网建设和发展的具体抓手。工业和信息化部先后发布了《工业互联网 App 培育工程实施方案（2018—2020 年）》《工业互联网网络建设及推广指南》等细化政策，组织实施了工业互联网创新发展工程、百万工业企业上云等重大工程，工业互联网产业联盟发布了《工业互联网体系架构 2.0》和《工业互联网平台白皮书》。国务院国资委印发了《关于加快推进国有企业数字化转型工作的通知》，促进国有企业数字化、网络化、智能化发展，提升产业基础能力和产业链现代化水平，加快推进国有企业数字化转型。习近平总书记指出，要推动数字经济与实体经济融合发展，把握数字化、网络化、智能化方向，推动制造业、服务业、农业等产业数字化。国家"十四五"规划将"加快数字化发展 建设数字中国"单列成篇，提出"以数字化转型整体驱动生产方式、生活方式和治理方式变革"，为新时期数字化转型指明了方向。

国内众多大型企业积极开展基于工业互联网平台和智能技术的数字化转型，围绕强化数据、创新模式，重点聚焦高价值应用，主要开展四个场景的应用实践。

第一，面向资产管理服务场景。优先在设备健康管理中，借助平台进行大数据深度分析优化，降低设备运维成本，提高资产使用效率。

第二，面向生产过程管控场景。重点关注能耗与排放管理、质量管理等应用，在现有生产管理系统的基础上，依托大数据分析能力进行优化，减少产品质量缺陷、降低能耗排放。

第三，面向资源配置优化场景。在全流程优化应用中，借助平台实现现有各类系统的互联互通、数据分析与整体优化。

第四，面向企业运营管理场景。以一体化运营管控为基本模式，将大数据分析能力与"战略＋运营"的目标相结合，实现精益、高效、协同的科学管理与决策。

发电企业是能源密集型企业的典型代表，集煤炭、物资、电网、电能、热能等多种形式的生产管理于一身，迫切需要以数字化、现代化手段推进管理变革，实现安全生产与经营管理全过程实时感知、精益高效，促进发展质量、效率效益的全面提升。发电企业该如何抓住历史机遇，把握信息时代下未来的发展趋势，紧扣价值创造的核心宗旨，去完成信息革命背景下的产业变革与转型，实现发电行业的跨越发展，是摆在我们面前的重大课题与历史责任。

目 录 CONTENTS

第一章　一体化运营管控的意义 ... 1

第一节　在能源革命背景下发电企业的转变趋势 ... 1
第二节　一体化运营管控是精益、高效、协同的体系 ... 3
第三节　一体化运营管控是互联、融合、创新的平台 ... 5

第二章　一体化运营管控现状 ... 7

第一节　现状与问题 ... 7
第二节　解决方法 ... 9

第三章　一体化运营管控的顶层设计 ... 12

第一节　系统论观念与基本思想 ... 13
第二节　一体化运营管控机制的三个视角 ... 14
第三节　基于系统论的一体化运营管控模型 ... 18
第四节　区域一体化运营管控平台 ... 22

第四章　一体化运营管控架构　27

第一节　总体架构　27
第二节　业务架构　33
第三节　应用架构　33
第四节　数据架构　34

第五章　一体化运营管控应用　47

第一节　生产指挥应急中心　47
第二节　安全环保监控中心　66
第三节　在线经营管控中心　79
第四节　设备虚拟诊断中心　109
第五节　共享协同发展中心　119
第六节　电力交易优化中心　136
第七节　智能化办公中心　143

第六章　企业智能化技术的应用　147

第一节　智慧企业　147
第二节　企业典型智能化技术　148
第三节　企业智能化技术应用　157

附录一　核心业务及主要功能一览表　178
附录二　指标释义及逻辑算法　183
附录三　重点区域视频监控接入标准　218

第一章

一体化运营管控的意义

第一节 在能源革命背景下发电企业的转变趋势

电力系统是为电能的产生、输送、分配与应用而构建的工业系统。从诞生至今，电力系统的发展方向一直在于建造更大的电站、更强壮的电网，以及创造更高的发电效率和更低的输电损耗，是人类到目前为止构建的最庞大、最复杂的工业生产与控制系统。如今，我国已成为世界上最大的能源生产国和消费国，传统能源生产和消费模式已难以适应当前形势。习近平总书记提出了能源消费、能源供给、能源技术和能源体制四方面的革命，为能源战略发展指明了方向。

在能源革命的大背景下，发电企业面对的生态环境变化主要有三个方面。

第一，面对多样化的业务类型。一是从传统的发电上网转向发电、配电、售电等多样化业务；二是从满足系统负荷需求到满足用户多样化和定制化的需求；三是从单纯供能到能源流、信息流双向互通后的综合能源服务。

第二，面对多形态的市场格局。一方面是从传统的"发—输—配—用"单一供能体系转向"发—配—用""发—售—用""发—用"等多类型共存的供能体系；另一方面是从发电商之间的单一横向竞争转变为加入了发、售、用多环节的横纵向、双维度竞争。

第三，面对多元化的新兴技术。一是从单一的发电技术转向多类型能源、信息协调互补技术；二是从传统集中式发电技术转向分布式发电、储能、微电网技术和集中式发电技术相协调；三是从单侧随机波动控制技术转向供需双侧随机波动控制技术。

发电企业的三大转变趋势如图 1-1 所示。

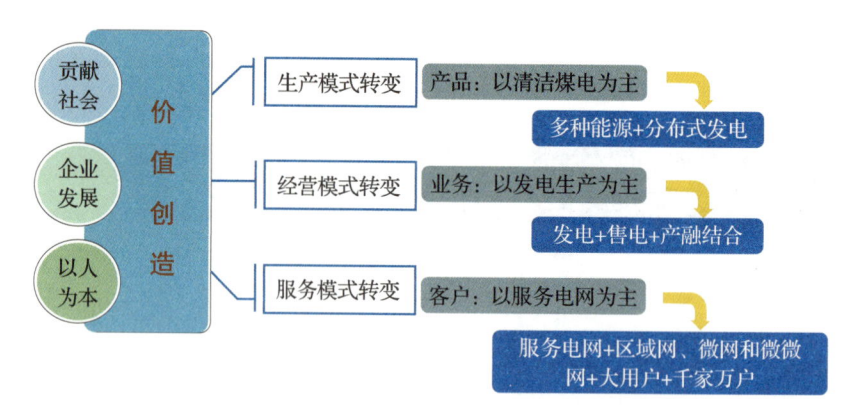

图 1-1　发电企业的三大转变趋势

在这样的趋势下，发电企业将面临三大转变。

一是从以清洁煤电为主转变为多种能源+分布式发电的生产模式。以绿色、高效、节能为核心，开展绿色火电生产（如近零排放、绿色发电、燃机发电等）、清洁能源生产（如风电、核电、光伏等），以及在此基础上进行相关生产领域的上下游拓展（如配网、海水淡化、衍生品等）。

二是从以发电生产为主转变为发电＋售电＋产融结合的经营模式。以高质、优价、协同为核心，拓展业务内容（电力交易、售电服务、电力金融、多能互补等），延伸经营链条（用能咨询、用能服务、绿色改造等）、扩张业务版图（能源销售、公共服务、金融租赁等）。

三是从以单一的服务电网为主转变为服务电网＋区域网、微网和微微网＋大用户＋千家万户的多用户类型服务模式。以互联、分享、服务为核心，扩大服务范围（如政府、企业、园区、社区等）、整合服务资源（发电企业、售电企业、节能公司、用电企业、电网、微网、虚拟电厂等）、拓展服务渠道（直售电、分销电、竞价交易、租赁等）。

为此，发电企业必须将生产运营的模式创新和新型信息技术的深入融合作为转型发展的基本模式，在能源革命进程中实现绿色发展、智能转型，向清洁化利用、智能化生产、多元化供应的发展方式转变，努力构建安全、稳定、智能、多能、清洁、开放的生产运营体系。

第二节　一体化运营管控是精益、高效、协同的体系

在新的发展趋势下，形成一个适应产业发展趋势，满足能源革命、电力体制改革、绿色发展等要求的发电企业运营模式，并相应地提供一套企业治理机制与业务体系，已经构成了当代发电企业迈向全新发展阶段的迫切需求。

在能源革命与数字化背景下的发电企业转型升级，将遵循智能制造的转型规律与模式，利用信息技术，贯通发电企业的核心业务，如项目建设、发电运行、安全生产、企业运营、市场经营交易等业务活动，通过挖掘数据蕴藏的内涵本质，支撑不同层级、不同区域、不同业务间的互联互通，融合创新，以整合内外资源、优化资源配置、提升价值创造能力，对企业、用户、社会及环境产生更多、更大的价值。

发电企业的数字化转型不是单纯在生产力提升方面对各种智能技术的应用，也不是单纯的信息化方面的升级改造，而是从生产力提升、生产关系优化、信息技术支撑三个方面系统地进行创新、互联、融合，三者交叉勾稽，相互促进，逐步增值，从而形成体系化的全面发展。

一、在生产力提升方面，要实现绿色发电、智能生产

以"清洁、智能、安全、高效"为特征，实现电站规划、设计、基建、调试、生产、检修、改造和升级的一体化协作，实现能源与信息高度融合、智能化生产控制与企业管理相结合，建设生产绿色环保、资源集约共享、业务敏捷协同、管理精益高效的智能化发电企业，实现绿色发电、智能生产。

二、在生产关系优化方面，要打造精益、高效、协同的管理体系

以价值链为核心，以信息为纽带，贯通企业不同层级（如集团公司与发电公司，发电公司与发电公司、生产现场与后台支持）之间的信息交互，将财务、物资、人力、设备等资源进行集约化管理和共享化服务。以数据为基础，加强业务标准化和规范化，实现全面监管，防微杜渐，提高管理质量和企业价值。打造社会化、网络化、平台化的运营模式，打通与上下游企业、合作伙伴的价值链，在创造企业价值的同时

创造社会价值。

三、在信息技术支撑方面，要构造智能化的企业级信息云平台

综合利用大数据、云计算、物联网、可视化等新技术，构建先进的信息化生产工具，拥有跨组织、跨业务的统一信息共享和柔性集成能力，有效支撑管理体系的规范化运转和数据的标准化共享，将员工从机械重复的劳动中解放出来，向高价值、高增值的工作转化。

从三个方面的关系看，任何一方面的改变都会对另外两个方面造成影响。当生产力提升、生产制造技术跨越式发展时，必然引起组织模式的变革，也会引发对信息化支撑能力的新要求；当管理理念出现新的思想，当管理模式进行了科学的优化，也必将对生产力产生巨大的推动力；当信息化与工业化深度融合时，在新信息技术快速涌现时，新的资源与价值被发现，必然会推动管理的思考与创新，促进生产力发挥更大价值。生产力提升、生产关系优化、信息技术支撑三者彼此支撑，相互融合、相互促进、螺旋式上升，不断地相互匹配、相互推动，使企业不断获得新的竞争能力，实现可持续发展。

一体化运营管控的本质就是以生产关系优化为抓手，通过信息技术支撑推动和实现管理与运营机制创新，打造精益、高效、协同的管理体系，从而进一步推动生产力提升，创造更大的价值。

一体化管控的含义可以理解为，将两个或两个以上互不相同、互不协调的事项，通过适当的方式、方法或措施，有机地融合为一个整体，形成协同效力，以实现组织策划目标。

对发电企业而言，实现一体化运营管控要依托大数据、人工智能、物联网及区块链等新型信息技术，推动企业融入以信息化、智能化为基础的工业互联网，实现不同系统之间数据的互惠互通，打破信息孤岛现象，实现业务数据有机统一，提升企业价值创造力和可持续发展力。通过打造敏捷、高效的决策指挥中枢和精益、专业的智慧运营体系，推动一体化的管控与协同，更好地提升安全生产、节能环保、在线经营、交易优化、协同共享等能力。要实现不同纵向一体化系统的横向集中化管理，在全链条治理、全维度建设、全要素供应上下功夫，让企业管理层能够快速、真实地掌握基层生产企业的日常安全生产与经济管理状况，实现"管一级""看一级"，提升管理专业化、标准化、精细化和解决实际问题的能力。

第三节　一体化运营管控是互联、融合、创新的平台

一体化运营管控的实现将坚持价值创造这一核心宗旨，以精益、专业的运营体系为支撑，打造敏捷、高效的运营管控和决策指挥中枢，围绕一致的战略目标，落实统一的管控机制，驱动发电企业全要素、全产业链、全价值链深度互联，优化生产和资源配置，实现企业运营的可预测、可控制及全流程协同，实现安全、环保、经济的最优运营。

一体化运营管控支撑构建以风险管理为导向、以合规管理监督为重点，严格规范、全面有效的内控体系。支撑构建全要素、全过程、全链条的安全生产责任体系，全面落实安全生产主体责任，建立各层级、各岗位的安全环保责任清单，提升治理水平。

一体化运营管控深入推动电煤供应一体化协同、发售电热一体化协同、物资采购一体化协同、运行检修维保服务一体化协同、人才共享一体化协同，支撑运营协同、资源共享，建立协同、高效的管理体系，以协同运营强管理、提质量、增效益、促发展，提升企业价值创造力和可持续发展力。实现一体化运营管控，就要打造一个互联、融合、创新的平台。

（1）在互联方面，重点要素是人机互联、业务互联、用户互联。

人机互联：实现人、设备、系统的互联，通过对"机"要素之间的高效整合，实现人机协调的模式。

业务互联：打通业务藩篱，围绕核心价值链，实现端到端的互联，使核心业务围绕价值链形成协同、联动的智能有机体。

用户互联：实现企业内部不同管理层级间的互联，实现与用户的互联，实现与外部单位（政府、电网、兄弟单位、社会机构）的互联。

（2）在融合方面，重点要素是多业务管理融合、信息与自动化融合、新技术融合。

多业务管理融合：实现企业业务管理的协同融合。推动基建、生产、营销等生产经营与人、财、物资源管理一体化融合，创新管理模式，提升核心能力，使企业业务

管理协同融合、决策科学。

信息与自动化融合：实现管理信息化与生产自动化的融合。在智能发电发展方式下，生产运行的前台监控、信息分析与企业调度、生产、营销等业务管理更加紧密地联系在一起，需要通过实时信息与管理信息的交互、更大范围跨业务的流程整合和信息自动流转，提高对生产的驾驭能力。

新技术融合：引入新技术，实现新技术与业务管理的融合。全球新的信息技术蓬勃发展，云计算、物联网、智能分析、基于 IP 的通信技术、SOA（面向服务的架构）技术、三网融合技术等逐步应用到电力生产与经营发展中。新技术是推动发展的重要驱动力，特别是在信息技术与通信技术的融合上，信息技术与通信技术本身的技术边界已经模糊，信息通信技术共同构成信息化核心技术手段，这就要求在管理上更加高度的一体化，实现更加有力的信息技术支撑。

（3）在创新方面，重点要素是技术应用创新、管理应用创新。

技术应用创新：在智能装备、控制技术、信息技术等方面引入新技术或关键技术，通过技术创新应用，带来生产力水平和管理能力的提升。

管理应用创新：支持企业资产全生命周期管理、能量全过程管理、资源集约化管理等管理理念。在企业资源方面，实现集约与共享；在业务协同方面，实现业务之间的互通、融合；在企业运营方面，实现企业级的管控和决策。

第二章
一体化运营管控现状

近年来，我国的火力发电量保持稳定增长，但受环保、电源结构改革等政策影响，火力发电量市场占有比重呈逐年小幅下降态势，同时由于能源结构、历史电力装机布局等因素的影响，国内电源结构仍将长期以火电为主。面对如今日益严格的行业要求，以火力发电为主体的发电企业，在能源转型的同时，必须加大科技创新力度，提升精细管理水平，增强行业竞争力。当前，虽然在行业内外提出了利用数字化与信息化进行一体化运营管控，但在此过程中仍然存在诸多问题。针对一体化运营管控的主要现状与创新方向分析如下。

第一节 现状与问题

在国内电力一体化运营管控实践方面，2010年前后，国内各发电企业在完成集团化职能管理系统（主要是ERP）建设和升级改造后，开始关注通过信息技术提升电力运营管理水平。部分发电企业运用数字化、智能化手段对传统火电站进行了挖潜改造、提质增效，以期在节能方面降低热耗率和厂用电率、高效利用发电资源；在设备可靠性方面提高状态评估能力和故障诊断能力，减少非停次数；在自动化方面提升自动化与智能化水平，减少人为干预、实现优化控制；在安全方面实现主动安全防控，在高风险区域可用机器代替人；在效率方面提高决策效率和应急响应速度；在效益方面降低人工成本和管理费用。

虽然取得了上述成效，但也存在一些共性问题。例如，通常只强调某一部分的数字化、智能化，或者只为实现数字化、智能化的某个功能；大多数智能化模式都是一些离散应用的集合，没有充分利用既有数据资源，尚未建立以人工智能、机器学习、仿真技术和信息技术为手段的智能决策支持系统。

从电厂全寿命周期看，目前的智能化实践仍未彻底打通从设计、施工直至运行的全部数据链，没有实现全部过程的数据共享，未能充分利用设计院移交的数字化资料构建数字电厂模型，为电厂的运行管理、安全管理、技术监督管理、大小修项目管理等进行服务。除ERP（企业资源计划）之外，电力企业还有类似承包商系统、隐患排查系统、技术监督系统、SIS系统（生产实时监控系统）、财务系统、物资系统等各种针对单一业务的信息化系统，系统之间数据存在壁垒，不能实现互通、互连、互用，没有充分利用既有数据资源，且增加了管理冗余，难以实现真正意义上的一体化集中管理。

概括来说，主要存在建设无章可循、范畴边界模糊、体系架构不一、缺乏知识积累等现象。

一、建设无章可循

具体表现在缺乏行业（业界）一致遵循的一体化运营管控建设规范与顶层设计。从目前已公开的资料看，建设规范类的资料大都是个别企业在其实践基础上总结提炼而形成的内部规范，这些规范具有鲜明的企业特点和烙印，只能起到参考文献的作用，还未能成为业界开展一体化运营管控所遵循的统一标准。

二、范畴边界模糊

从国内的研究与实践看，既有聚焦燃料管控的，也有聚焦绩效对标的，还有聚焦安全生产的，或者聚焦管理自动化（如智能报表、流程优化）。各企业建设范畴各说各话，概念模糊，建设边界不清。

三、体系架构不一

在目前国内一体化运营解决方案中存在不同的智能化应用架构。在目前的案例中就有集中部署和分散部署两种，大多体系架构脱胎于企业原有的IT架构，未能按照工业互联网平台模式进行升级转型。

四、缺乏知识积累

很多发电企业敢于试用先进的IT技术，很多国际先进的AI算法在国内电力行业率先落地，或根据国内发电客户的需求进行研发，但一些智能化内容侧重酷炫理念，在数据治理、知识积累等数字基础方面的投入却十分薄弱。发电企业和主机设备制造商应该重视对运行检修维护记录的历史积累，依托历史数据逐渐形成丰富的知识库，并利用这些知识库进行性能优化、故障诊断和检修维护策略等智能化应用的开发。而国内很多企业对相关记录的管理考核不足或基本空白，使既有的后台可用数据不多，尚未形成自主知识产权的核心知识库资产。

第二节　解决方法

基于一体化运营管控要构建"精益、高效、协同的体系"和"互联、融合、创新的平台"的发展要求，结合上述对现状与问题的评估分析，提出建设一体化运营管控的四大关键举措。

一、促进业务与资源整合

在充分利用电厂及集团总部现有的信息化建设系统的基础上，引进更加先进的信息技术、管理手段，实现对电厂生产、经营等管理的全生命周期的量化管理，并与集团总部互联互动，实时进行生产分析、经营控制与管理决策。

二、数据标准化

数字化转型的核心是挖掘数据的利用价值，因此在一体化运营管控中，必须要将各类管理数据标准化。在数据获取方面，以数据资源化为方向和目标，构建统一的数据采集标准、数据管控标准、数据质量标准、指标体系标准等，实现生产经营数据的标准化，通过进一步数据自动采集、智能治理，使"业务数据化、数据业务化""数据一个源、业务一条线、协同一张网"，实现了基于数据的监管、分析、优化，从而提高企业的价值创造能力和运营成效。

三、统筹搭建顶层规划与系统开发

一体化运营管控的最终目的是打通各纵向系统的数据壁垒，实现数据共享互通，通过统计、分析、展示为决策层提供决策依据，为各业务专业提供纠偏依据。因此在一体化运营管控应用方面，必须重视顶层规划及后续系统的建设与开发，在满足集团公司管理需求的同时，推动基层企业各应用系统之间的数据互通，最终实现对省级（区域）公司的一体化运营管控目标。

四、建立平台使用机制

在一体化运营管控平台应用方面，要建立配套的管控机制，明确平台各业务界面管理要求，做好区域公司及所属单位业务分工、责任划分、维护范围及权限，真正发挥平台管控的长效机制；要持续做好对数据的挖掘和运用，全面深化对标管理，发挥数据资产价值，深化"事前科学决策、事中智能调控、事后全面分析"等功能应用；要开放创新，不断深化数据和机理的有机融合，建立资源优化模型，进一步挖掘区域资源共享与协同的潜力，提升核心竞争力，助力公司数字化转型发展。

最终，在五个层面实现从传统管理向一体化运营模式的体系化转变。

转变1——运营模式方面。实现以专业运营、垂直管控为特征的运营模式向以集约、协同、远程、云化为特征的平台化运营模式的转变。

转变2——业务过程方面。实现以流程驱动为特征的条块化、职级化的业务处理模式，向以数据驱动为核心的一体化运营模式的转变。

转变3——生产过程方面。基于与大数据、人工智能等技术的融合，自动化控制逐步走向自动化控制＋优化的模式；基于机器人、可穿戴设备、人工定位、虚拟现实等技术，人工作业逐步转向智能作业＋机器人等模式。

转变4——生产设备方面。除了发电主设备的智能化演进外，大规模采用物联网技术、智能仪表、智能装置，提高感知能力与就地处理能力。利用IT技术构建CPS（信息物理系统）系统，实现对发电生产工艺系统的实时感知、动态控制和信息服务。

转变5——IT支撑方面。实现从传统IT架构向工业互联网架构的转变。依托物联网、边缘计算等，实现信息世界与物理的交互与响应；依托大数据、人工智能、高性能的数据分析技术，形成更深层次的工业生产系统、管理系统、决策系统等的优化闭环。

传统管理向一体化运营模式的创新转变如图2-1所示。

第二章 一体化运营管控现状

图 2-1 传统管理向一体化运营模式的创新转变

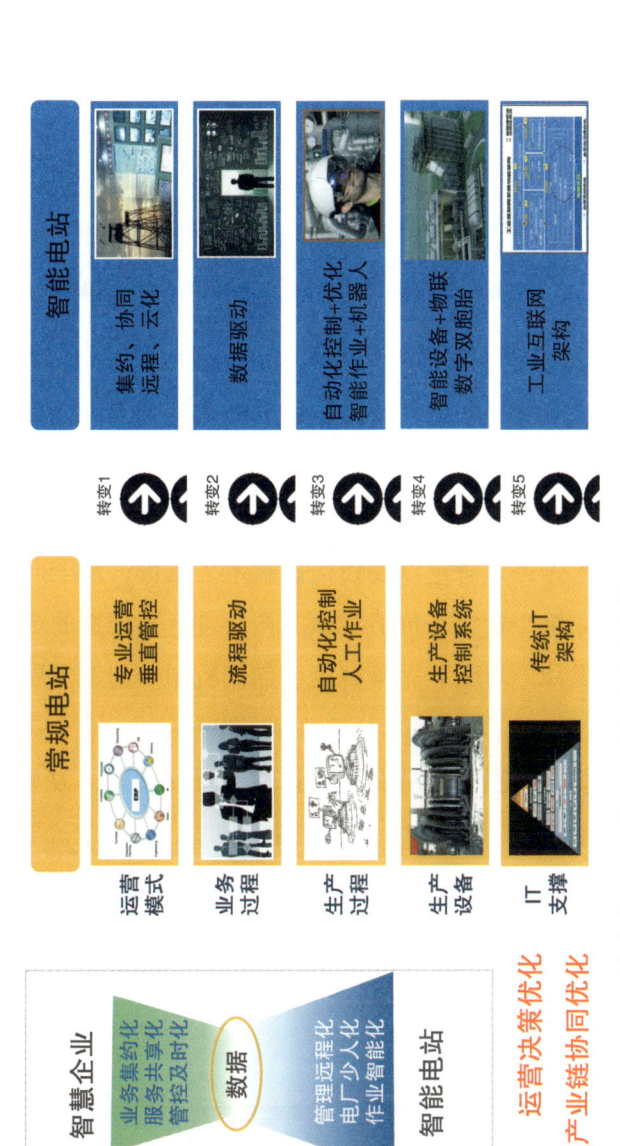

第三章
一体化运营管控的顶层设计

要构建一个适应产业发展趋势，满足能源革命、电力体制改革、绿色发展等要求，与信息革命时代下电力市场体系相匹配的发电企业运营模式，并相应地提供一套企业治理机制与业务体系，发电企业需要面向未来，强化顶层设计。顶层设计要运用系统论的方法，引入先进理念，以现代信息技术为支撑，从全局的角度，以价值创造为宗旨，围绕企业核心资源与价值增值方向，进行系统性的统筹思考、长远谋划，从高端进行总体设计，为企业完善制度、创优机制、创新发展指明方向、描绘蓝图。

顶层设计要按照顶层决定性的原则，采用自上而下的视角，从发展大视野、产业大布局、技术大方向等视角审视趋势、谋划未来，如图3-1所示。要顺应能源产业结构调整及体制改革的要求，围绕发电企业核心资源与价值增值方向，创新管理与运营机制，打造精益、高效的现代企业。

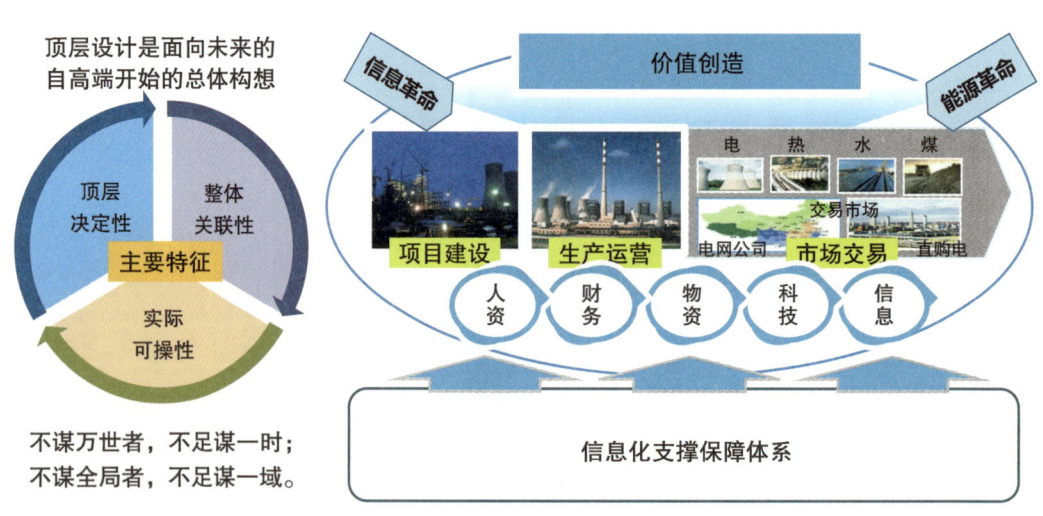

图 3-1 顶层设计

顶层设计要遵循整体关联性的原则，基于系统论观念构建互通互联、融合协同的体系框架，统筹能源革命与电力体制改革的发展要求，将发电企业的核心业务，如项目建设、发电运营、安全生产、市场交易等各业务环节打通，支撑结构调整、转型升级，支撑不同层级、不同区域、不同业务间的互联互通、融合创新，以整合内外资源、优化资源配置、提升价值创造能力。

顶层设计要坚持信息驱动性的原则，顺应信息革命时代的发展趋势，遵循"互联网＋"、智能制造、能源互联网等发展规律与构建模式，变资源驱动为信息驱动，以大数据、云平台及物联网、互联网、新一代通信技术、移动物联网等为技术支撑核心，构建跨组织、跨业务的统一的信息共享和柔性集成能力，强化可感知、可预测、可分析、可透视、可协同、可决策等能力，通过信息化的支撑，构建安全、稳定、智能、多能、清洁、开放的"互联网＋智慧能源"体系，有效支撑智能电站的建设和运营。

第一节　系统论观念与基本思想

系统论是研究系统的结构、特点、行为、动态、原则、规律及系统间的联系的新兴学科，其核心是把研究和处理的对象看作一个整体系统，从整体出发研究系统整体和组成系统整体各要素的相互关系，以把握系统整体、达到最优的目的。

一、系统及系统观念

（一）系统

所谓系统，是指由若干个可以相互区别、相互联系而又相互作用的要素所组成的，具有特定结构与功能的，处于一定的环境之中，为达到整体目的而存在的有机集合体。

（二）系统观念

系统观念是具有基础性的思想和工作方法。系统思维是人们运用系统观点，对事物互相联系的各个方面及其结构和功能进行系统认识的一种思维方法。只有运用系统思维，才能抓住整体和要害。整体性原则是系统观念、系统思维的核心。这一原则要求人们思考和处理问题时要立足整体，把着眼点放在全局上，从整体与部分、整体与环境的相互作用过程来认识和把握整体，注重整体效益和整体结果。

与系统观念相对的是，我们通常的思维总是以相对简化的形式解构现实、以简单的逻辑分析现实，从而造成了思维本身的局限性、脆弱性。而系统思维和整体性原则具有鲜明的整体性、关联性、结构性、协同性、时序性等特征，是准确把握区域煤电整合与区域一体化运营管控的金钥匙。

二、系统论的基本思想及意义

（一）系统论的基本思想

系统论的基本思想包括整体性思想、相关性思想、有序性思想、动态性思想，反映了各类系统的共同特征。这些思想要求我们在构建系统时必须谋求系统整体的最优化，系统各要素的功能必须服从系统整体功能，且系统整体功能必须大于要素部分功能之和。要发挥系统的整体功能主要在于合理安排系统要素的顺序，对系统要素间的联系和作用应从整体上加以规划和设计。系统的正常运转，不但受系统本身条件的限制，还受相关环境的影响，并依据一定规律而变化。

（二）系统论的意义

系统论的意义在于：在我们研究某一个事物时，应将其当成一个系统看待，从整体上去考虑问题，同时必须对它的内部诸要素间的联系及它们与其他事物之间的联系加以全面的考察和分析，并合理安排内部诸要素间的顺序，使它们密切而协调地配合，形成统一的整体功能。此外，应重视收集信息，经常注意反馈，既要看到系统中各要素的发展变化情况，又要分析系统的变化趋势，随时进行调节，保持充分弹性，及时适应客观环境与事物各种可能的变化，就能有效地实现动态管控。

第二节　一体化运营管控机制的三个视角

构建一体化运营管控机制的核心，是要打造精益、高效、协同的管理体系。为此，围绕发电企业核心资源与价值增值方向，借鉴互联网思维（如平台思维、大数据思维、社会化思维、用户思维和跨界思维等），创新管理与运营机制，构建与智能发电生产运营相匹配的管理模式，打造精益、高效、协同的管理体系。

重点要考虑三个方面的模式与机制创新：一是在集团管控方面，包括发电企业集团、省公司与所辖发电公司间的管理模式与机制；二是在规范运营秩序方面，包括省公司内部规范化管理的模式与机制；三是在社会化网络运营方面，包括与上下游企业、合作伙伴网络化运营的模式与机制。构建新型管理模式的三个视角如图3-2所示。

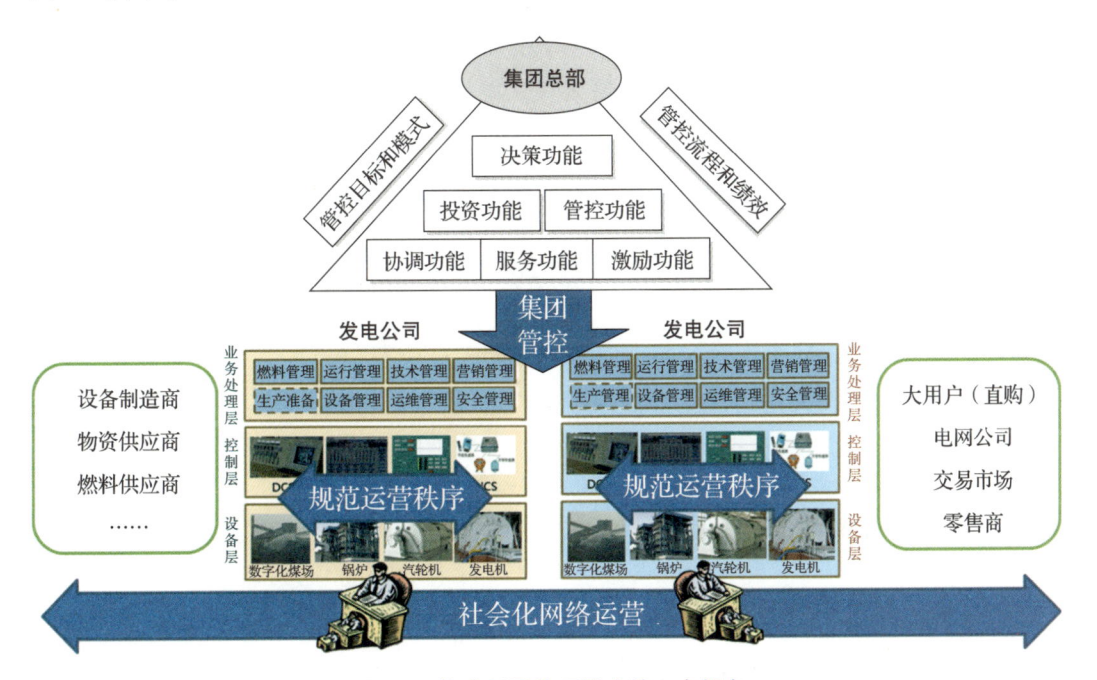

图3-2 构建新型管理模式的三个视角

一、集团管控

在智能制造时代，集团总部及省公司应在更大范围、更大规模上，以更高的效率、更低的交易费用，配置资源，管控经营活动，即集团管控的核心职能要以集团战略为导向，以价值创造为核心，以资源管理为主要内容，形成完整、统一的管理体系。

集团管控在如下方面可以产生比市场更高的效率或更低的交易费用。

第一，集团战略的整合。集团战略树立了集团的目标、愿景、使命，确立了集团业务经营的发展方向，为集团管控指明了目标。一致的目标往往是规模效益产生的前提、业务协同的基础。

第二，集团组织架构的整合。组织架构是执行集团战略的静态结构，合理的组织架构是集团高效运营的组织保障。

第三，集团资源的优化配置。以集团战略为导向，在集团总部及下属各经营实体之间合理整合、配置资源是保障集团资源得以有效利用、产生更高效益的重要途径。

第四，集团核心价值链的整合。以集团战略为导向，寻求利用价值链降低成本和提高效能的方法，对价值链上的各个环节进行准确定位。只有在核心技术、业务流程、管理制度等方面对集团核心价值链进行合理、有效整合，才能使集团总部、各经营环节、各经营实体有效协同、步调一致、高效运行。

第五，集团共享服务的提供。各经营实体共有技术研究、共享会计服务等一些非核心的共享业务服务由集团总部统一提供，以整合资源、节约费用。

第六，集团绩效考评体系的统一。形成公平、公正的集团绩效考评体系，引导、激励各下属企业的工作积极性，激发下属企业的经营活力。

第七，集团品牌文化的建立。以品牌拓展市场，以文化凝聚人心，形成统一的品牌形象。

二、规范运营秩序

以构建合理运营秩序为宗旨，完善制度与流程体系，实现制度信息化，形成发电企业"需求制度化统一管理，制度信息化闭环执行"的整体联动模式，推进管理标准化、规范化。

在管理方面，要实现自下而上的资源集约、自上而下的管理落地、从端到端的横向协同，具体主要包括五个方面。

第一，一套组织架构。明晰管理定位和管理关系，逐步完善、规范部门职能和岗位职责。

第二，一套业务流程。按照核心价值链实现纵向贯通、横向协同，确保规划设计、基建、采购、运营、交易之间的衔接。如以资产价值链为主线，打通规划、基建、运行、物资等环节，构建科学的资产全生命周期管理体系。

第三，一套标准体系。包括统一的技术标准、作业标准、管理制度，通过标准的落实，确保安全和质量、简化现场工作、减轻一线员工负担。

第四，一套指标体系。以企业总体战略为导向，按照完整统一、分级展开、分类应用的原则，抽取、提炼核心业绩指标。

第五，一个信息平台。通过发电企业云平台构建，实现信息（数据）描述一体化，支撑业务规范、流程处理、决策分析的一体化，实现信息呈现一体化。

规范化管控运营秩序如图3-3所示。

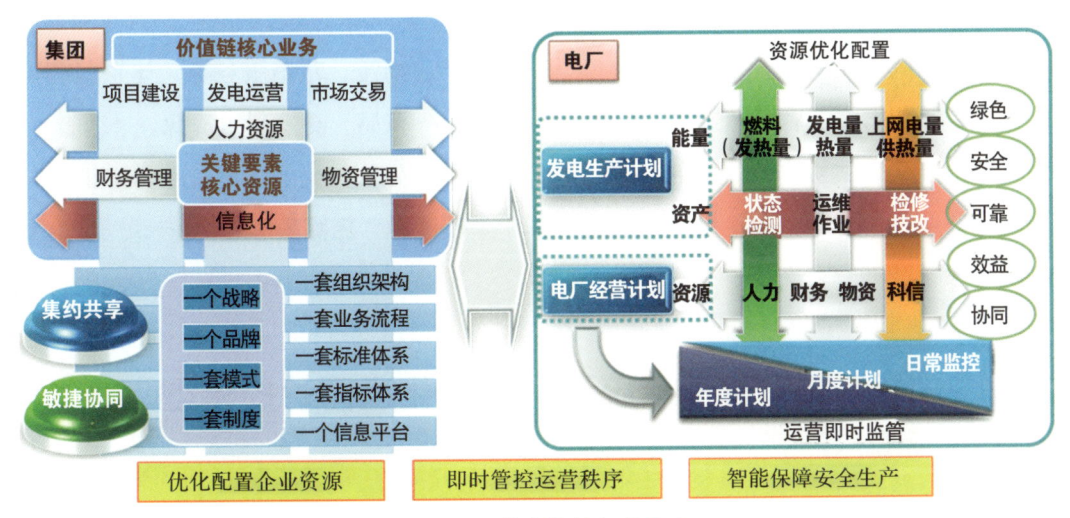

图 3-3 规范化管控运营秩序

以精细化、规范化管理为目标，建立以制度信息化为核心内涵的企业管理制度承载、运转机制，使企业的管控体系及各项管理标准通过信息化手段得以固化，形成清晰、简洁、内容与目的一目了然的标准化、电子化业务表单。通过电子表单的流转与处理，形成企业管理中简便、高效的呈现方式与事务处理模式，使各项管理标准在实际的运作和工作中得到贯彻和执行，从而实现企业管理的有章可循、自动化驱动和整体效率提升。

三、社会化网络运营

社会化网络运营的核心是把企业运营纳入社会生活，打造互为联系、协同运作的运营平台，整合内外部资源，网罗社会人才，实现融入社会，能力延伸，灵活机动，合作多赢。对上游，将燃料供应、设备厂商、技术服务、承包商的能力协同化；对下游，实现生产、营销服务一体化。为电网公司、微电网、大客户、售电公司等提供基础服务和增值服务，以客户为导向，提升价值创造能力。

社会资源与企业内部资源的协同要促进以往单向、线性的传递式协作，向并发、实时的网状协同转变。一般体现为多专业、大体系、融合式的协作模式，以获取协同效应，提升价值创造能力。

第一，多专业协同。多专业协同包含机、电、炉、热、化、燃及信息化专业间主动协作、相互支撑，目标是打破业务（专业）间壁垒，推进核心业务能力的交互延伸。

第二，大体系协同。实现电站建设、发电生产、物流、营销服务等大体系间有机配合、整体提升，其目标是在体系化协同中优化业务布局、高效利用资源。

第三，融合式协作。协同的基础是业务的精细划分、数据的标准表述、知识的共享积累和统一的协作平台，目标是形成规模、降低成本、提高盈利能力。

第三节　基于系统论的一体化运营管控模型

系统论已在人类活动的各个领域有了广泛的实践，并逐步形成了一些系统方法论和系统模型。如系统通用参考模型就以开放系统为基本模式，描述了系统在其所处的环境中与系统内外的诸要素相互作用、相互适应，以保持系统的适存性并实现其价值目标的运作模式。

一、系统通用参考模型

系统通用参考模型假定系统中有某种能力来感知和识别其所处的资源环境和运营环境，并作为一个开放的系统，通过协同内外各要素之间的平衡，使系统持续保持动态的有序性、稳定性和适存性（调整能力），并管控系统中实现其核心价值的主要行动，使其能够被高效地执行与实施（生产能力），使系统的整体使命能够被达成（目的能力）。从系统能力要素的视角，通用参考模型包括生产能力、调整能力、目的能力三部分，如图 3-4 所示。

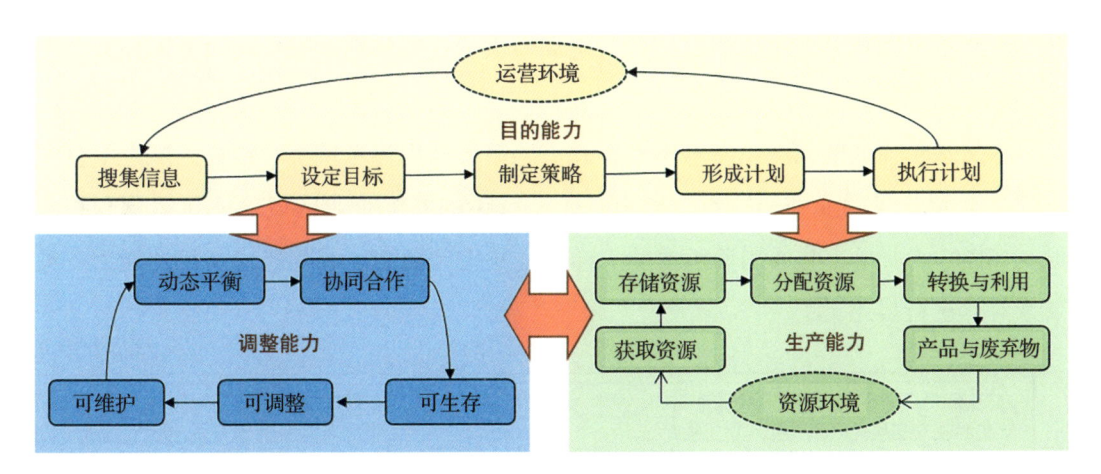

图 3-4　系统通用参考模型

（一）生产能力

生产能力可概括为：系统在其所处的资源环境中，以服务于其核心价值、实现其整体目标为宗旨，通过持续地对资源的获取、存储、分配、转换与利用，不断生产出产品与废弃物。

（二）调整能力

调整能力可概括为：以维持系统的动态稳定性为宗旨，通过对系统内外要素间的协同、平衡，确保系统可生存、可维护、可调整。

（三）目的能力

目的能力可概括为：系统从其内部要素中和运营环境中提取各种信息，利用这些信息设置、重置目标，制订、修订策略和计划，并监管计划的执行，以调整、优化和达成系统的整体目标。

二、区域一体化运营管控模型

一个区域性的火力发电企业可视为由区域发电公司的本部与其所属的多个发电厂组成的，共处于当地资源环境与运营环境的开放性系统。区域发电公司对外要制定好区域发展战略、提升市场竞争能力，对内要优化管控结构、实现协同创效、提质增效，这些都必须从系统观念出发，进行全局性谋划、整体性推进，从而全面协调、推动各领域的工作。

本文基于前述的系统论基本思想，并借鉴系统通用参考模型，结合区域发电公司一体化运营管控的业务和特点，提出基于系统论的发电企业区域一体化运营管控模型，如图 3-5 所示。与通用参考模型一样，也从生产能力、调整能力和目的能力三类要素对其进行描述。

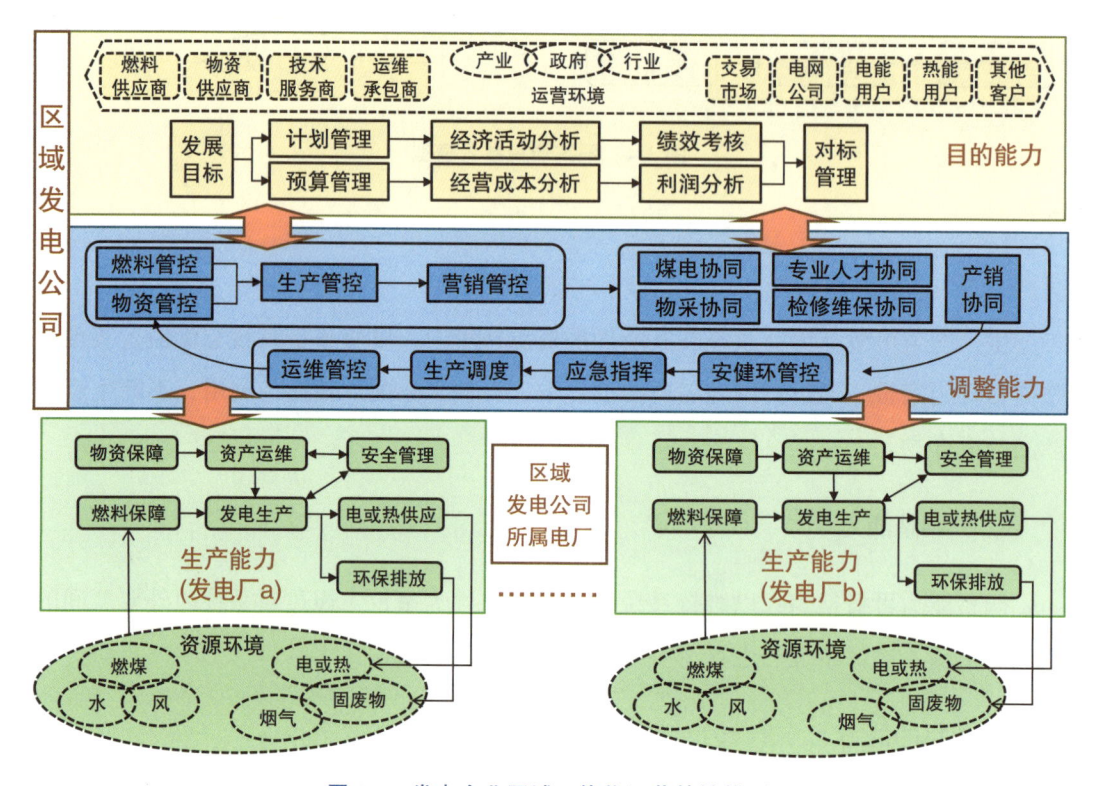

图 3-5 发电企业区域一体化运营管控模型

（一）生产能力

生产能力是服务于系统核心价值的，主要来自区域发电公司所属发电厂。对发电厂而言，其首要任务是完成能量的转换生产（把一次能源转化为电能），而这又需要以设备可靠、安全地运行为支撑，为此必须做好设备运维及相关生产作业，并在此过程中保障生产安全、降低物资等各种资源的消耗。据此，可以归纳出系统在生产能力方面的三大价值主线。

（1）第一价值链：能量转化价值链，价值目标为节能、环保、低碳。

发电厂作为以电、热为核心产品的能源生产与供应商，对能量转换全过程的管控至为重要，要涵盖从燃料保障到发电生产至电或热供应和环保排放的全过程，确保实现最大限度的节能、环保、低碳。

（2）第二价值链：资产运维价值链，价值目标为安全、可靠、高效。

高水平的资产运维是保证能量转换高效运转的前提，发电厂作为资产密集型企业，其运维投入也是影响其运营效益的关键要素。因此，在贯通资产从设计、采购、基建到检修、技改、运维，直至退役报废等全过程的前提下，要强化对物资保障和资产运维的管控，以达到设备资产的可靠性、使用效率、使用寿命和全生命周期成本的综合最优。

（3）第三价值链：风险管控价值链，价值目标为预估、可控、应急。

发电厂的生产环境是处处存在高速、高温、易燃易爆等场景的高危作业环境，因此，在发电生产过程中对安全风险的防控、预控是一个重要的价值目标，要构建以危险源辨识、风险评估为核心，以全员参与、预测预防和可控在控为模式的安全管理体系。

（二）调整能力

调整能力是服务于维持系统动态稳定性的。若将以区域发电公司为载体的区域一体化运营管控体系视为一个开放系统，则其动态稳定性主要由即时响应、动态平衡、协调联动三个方面的能力来保障。

（1）即时响应：其价值目标为确保生存。当面临可能存在的不利因素时，区域发电公司必须具备即时反应、确保生存的能力，重点是通过安健环管控、应急指挥、生产调度、运维管控等要素来构建。

（2）动态平衡：其价值目标为确保平稳。当所处内外环境发生变化时，区域发电公司各核心要素必须具备保持动态平衡的能力，重点是通过燃料管控、物资管控、生产管控、营销管控等要素来构建。

（3）协调联动：其价值目标为确保协同。无论是做出即时响应，还是实现动态平衡，区域发电公司都必须具备围绕整体目标在各要素间实现协调联动的能力，重点要确保煤电协同、物采协同、检修维保协同、产销协同、专业人才协同等。

（三）目的能力

目的能力是服务于系统整体目标的。区域发电公司应即时获取产业、行业、政府等环境信息，依据上游企业（如燃料供应商、物资供应商、技术服务商、运维承包商）、下游企业（如交易市场、电网公司、电能用户、热能用户、其他客户）的运营信息，制订其发展目标、运营计划，并监管计划的执行成效。

（1）发展目标：制订区域发电公司的发展规划和年度运营目标。

（2）运营计划：依据发展目标，制订区域发电公司的年度经营计划，以及与之相匹配的各分项要素的业务计划和预算计划。

（3）成效管控：在计划的执行中，通过周期性的经济活动分析和经营成本分析，支撑对计划执行过程的管控与调整。在考核周期，定期通过绩效考核、利润分析、对标分析等，实现对计划执行结果的考核与管控，并为下一周期的计划管控、调整、优化提供依据。

第四节　区域一体化运营管控平台

依据区域一体化运营管控模型，遵循统一的数据标准和指标体系，利用数据驱动模式，设计出区域一体化运营管控平台的体系框架、管控功能、核心功能。

一、体系框架

区域一体化运营管控平台的体系框架主要包括三部分，如图 3-6 所示。

第一部分对应区域一体化运营管控模型中的生产能力要素，其功能主要由区域发电公司所属发电厂通过智能电站的建设来实现。专业服务公司的业务功能主要由专业运营系统建设来实现（如 ERP 系统、营销系统等）。

第二部分对应数据服务能力的建设，以数据资源化为方向和目标，基于统一的测点编码规则（KKS）和指标体系，构建数据采集、存储、整合、分析、交换和共享服务平台，形成统一的标准的数据资源，提供全业务口径、全数据类型以及全量过程数据的服务。

第三部分对应"区域一体化运营管控模型"中的调整能力要素和目的能力要素，共同构成一体化管控的功能，由云端的"区域一体化运营管控平台"来实现。下面重点概述一体化管控的功能。

二、管控功能

一体化管控的功能，按其管控特点分为三类。

（一）即时管控

即时管控的特点是即时处置、日度管控。即对各被管控要素的信息要及时感知，并即时处置所发现的问题，且以日度为周期，统计业务情况和动态。即时管控可应用于燃料、物资、安健环、生产运维、应急指挥与生产调度、营销等业务的管控。

（二）协调管控

协调管控的特点是日度跟踪、月度管控。即对各要素间的协调，要依据获取的日度信息和动态，以日为周期在各要素间实现协调联动，并以月度为周期，统计当月的业务情况和动态。协调管控可应用于煤电协同、物采协同、检修维保协同、产销协同、专业人才协同、资源集约管控等。

（三）运营管控

运营管控的特点是日度反馈、月度调整。即依据获取的日度信息和动态，以日为周期，对各类业务计划完成情况进行反馈，并以月度为周期，统计当月的计划完成情况，并据此调整下月计划和进行相应的考核与对标。运营管控主要应用于综合计划、全面预算、经济活动分析、对标管理、绩效考核等业务。

三、核心功能

（一）构建全要素、全过程、全链条的安全生产管控体系

基于安全生产的核心管理要素，以支撑构建全要素、全过程、全链条的安全生产

管控体系为目标，统筹生产执行体系的业务，以生产安全、运行可靠及管理高效为宗旨，建设以制度标准执行、运营设备监控、岗责明细、流程管控、过程留痕和即时跟踪为特征的管控体系，实现从以事件管理为核心向以预控管理为核心的管理转变，如图 3-6 所示。

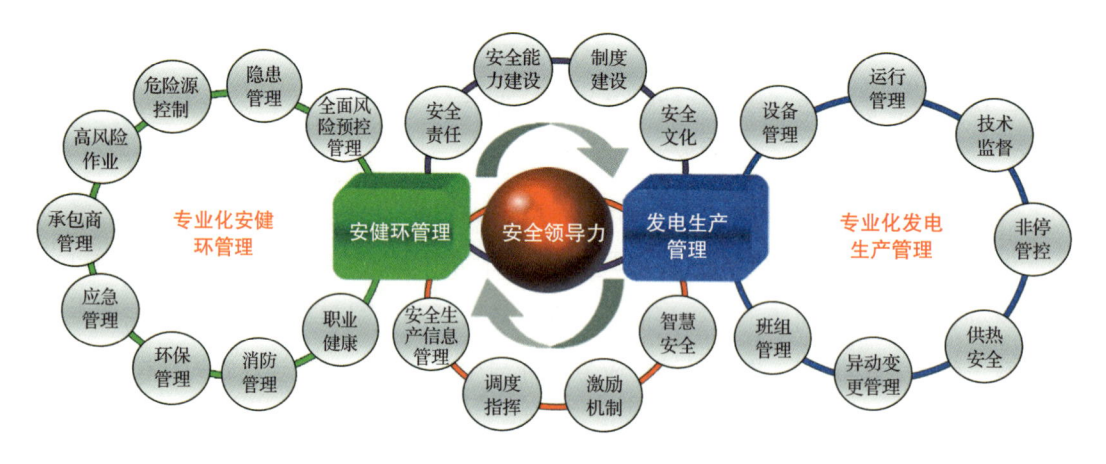

图 3-6 全要素、全过程、全链条的安全生产管控体系

（二）构建核心资源共享保障机制，实现全过程的统筹协同

以集约管控、动态平衡、协同联动的理念，突破传统业务条块束缚，消弭核心资源相关信息壁垒，从市场和供应链的视角贯通企业完整的经营业务体系，平衡各要素需求和约束，实现各项计划的制订、执行全过程的统筹、协同。以运营效益最大化为原则，依托统一的数据资源（数据湖），基于相应的一体化业务协同模型，实现燃料发电协同、物采生产协同、生产营销协同、检修维保协同、专业人才协同、资源集约管控。

（三）"五维一体"在线经营管控体系

以战略目标为驱动，通过信息共享和环境分析，实现发展目标、经营计划、生产运营活动和绩效评价之间的关联，构建以计划管理、预算管理、经济活动分析、对标分析、绩效考核为核心的"五维一体"在线运营管控体系，如图 3-7 所示。

第三章 一体化运营管控的顶层设计

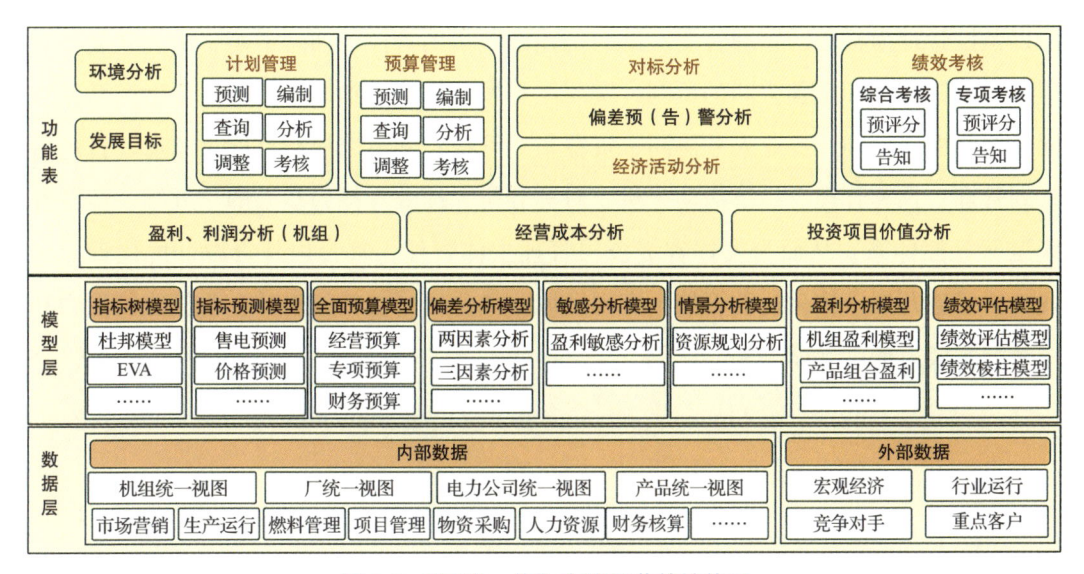

功能表	环境分析 发展目标	计划管理 预测 编制 查询 分析 调整 考核	预算管理 预测 编制 查询 分析 调整 考核	对标分析 偏差预（告）警分析 经济活动分析		绩效考核 综合考核 专项考核 预评分 预评分 告知 告知
	盈利、利润分析（机组）		经营成本分析		投资项目价值分析	
模型层	指标树模型 杜邦模型 EVA ……	指标预测模型 售电预测 价格预测 ……	全面预算模型 经营预算 专项预算 财务预算	偏差分析模型 两因素分析 三因素分析 ……	敏感分析模型 盈利敏感分析 ……	情景分析模型 资源规划分析 ……	盈利分析模型 机组盈利模型 产品组合盈利 ……	绩效评估模型 绩效评估模型 绩效棱柱模型 ……
数据层	内部数据					外部数据	
	机组统一视图 厂统一视图 电力公司统一视图 产品统一视图					宏观经济 行业运行	
	市场营销 生产运行 燃料管理 项目管理 物资采购 人力资源 财务核算 ……					竞争对手 重点客户	

图 3-7 "五维一体"在线经营管控体系

运营管控体系以效益测算与管控模型为核心，依托统一的指标体系，及时、全面、准确地掌握和分析公司生产经营状况、核心资源利用状况与运营绩效，实现关键指标的预警与报警，开展跨业务、跨层级的多维分析和深度数据挖掘，强化预算与计划的匹配度，发现、协调解决计划执行中存在的问题，提升公司的运作水平，支撑价值创造最大化。

该体系的总设计思想突破了传统从管理业务对应设计其应用功能的模式，是基于系统观念及基本思想，将区域一体化运营管控所涉及的发电企业（公司本部与所属的电厂）与所处的资源环境、运营环境视为一个整体的开放系统，并借鉴系统通用参考模型，提出了基于系统论的发电企业区域一体化运营管控模型。该体系结合发电企业的业务特点和价值链，分别从生产能力要素、调整能力要素和目的能力要素三方面梳理了其价值主线和核心能力。

基于系统观念的发电企业区域一体化运营管控平台顶层设计，是立足于系统思维方法和整体性原则进行的体系设计，重点围绕发电企业价值增值方向与核心业务，强化可追踪、可透视、可预测、可分析、可协同、可决策等能力，依托统一的指标体系与数据资源，实现"数据一个源，业务一条线，协同一张网"。所设计的管控功能将助力构建全要素、全过程、全链条的安全生产管控体系，实现从以事件管理为核心

25

向以预控管理为核心的管理转变；助力构建以"集约管控、动态平衡、协同联动"为理念的资源共享和全程协同的机制，实现燃料发电协同、物采生产协同、生产营销协同、检修维保协同、专业人才协同、资源集约管控；助力以战略目标为驱动，打造由计划管理、预算管理、经济活动分析、对标分析、绩效考核为核心的"五维一体"在线运营管控体系，从而为发挥省级公司管理主体责任，整合内外资源，优化资源配置，更好地开展一体化运营管控，实现区域一体化协同创效，提升企业价值创造力和可持续发展力提供支撑。

第四章

一体化运营管控架构

第一节 总体架构

区域一体化运营管控平台坚持"价值创造"这一核心宗旨,以精益、专业的运营体系为支撑,打造敏捷、高效的运营管控和决策指挥中枢,围绕一致的战略目标,落实统一的管控机制,驱动公司全要素、全产业链、全价值链深度互联,优化生产和资源配置,实现企业运营的可预测、可控制及全流程协同,实现安全、环保、经济的最优运营,从而保障经济效益和社会效益的最大化。

区域一体化运营管控平台的总体架构包括一体化运营管控理念和一体化信息支撑两个视角,从体系架构上可概括为"智慧156"框架,如图4-1所示。

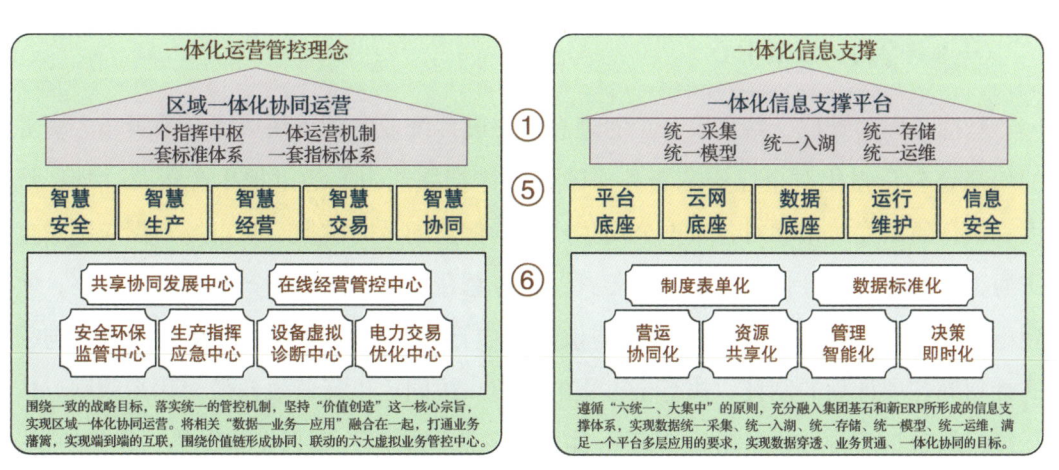

图 4-1 "智慧156"框架

一、一体化运营管控理念

"1"代表区域一体化协同运营：即围绕一致的战略目标，落实统一的管控机制，坚持"价值创造"这一核心宗旨，构建基于一套标准体系和一套指标体系的一体化运营管控机制，打造一个区域一体化协同运营的决策指挥中枢，形成"决策指挥脑"。

"5"代表五大智慧管理体系：以价值链为主线，构建专业化智慧业务运营体系，形成包括智慧安全、智慧生产、智慧经营、智慧交易、智慧协同的"专业运营脑"。把"价值管理、共享协同"的理念贯穿于安全、生产、经营、交易等全过程，实现纵向贯通、横向协同，确保管理、业务之间的衔接，打通集团与公司、公司本部与发电单位、生产现场与后台支持之间的联络。加强业务标准化和规范化，完善制度与流程体系，做好管理落地，以数据为基础，把握日常业务细节，实现全面监管，防微杜渐，提高管理质量，提升运营水平。

"6"代表六大虚拟业务管控中心：将"数据—业务—应用"融合在一起，打通业务藩篱，围绕核心价值链，实现端到端的互联，使核心业务围绕价值链形成协同、联动的六大虚拟业务管控中心：包括共享协同发展中心、在线经营管控中心、安全环保监管中心、生产指挥应急中心、设备虚拟诊断中心、电力交易优化中心。各虚拟业务管控中心以贯通业务、共享数据、组合应用、按岗定制为特征，既相对独立又环环相扣，从而构成以价值创造为目标体系完整、协同运作的一体化运营管控体系。

（一）共享协同发展中心

坚持"集约管控、共享服务"的理念，突破传统业务的条块束缚，消弭核心资源的信息壁垒，强化对企业资源服务保障的整体把握能力。通过把生产运营计划、调度、执行的高度集中和对各发电公司生产运营信息的及时掌握，从市场和供应链角度贯通企业的经营业务体系，平衡各要素，制订总量目标，确定生产经营优化策略，实现电力交易计划、发电计划、燃料需求与供应计划、检修计划，以及物资需求与采购计划等各项计划的制订、执行全过程的统筹、协同。以运营效益最大化为原则，依托统一的数据资源（数据湖），基于一体化业务协同模型，实现发售电热一体化协同、电煤供应一体化协同、物资采购一体化协同、运行检修维保服务一体化协同、人才共享一体化协同。

（二）在线经营管控中心

以集团战略目标为驱动，通过信息共享和业务协同，实现战略目标、经营计划、生产运营活动和绩效评价之间的关联，构建"综合计划、全面预算、经济活动分析、对标管理、绩效考核"五维一体的在线经营管理模式。以效益测算与管控模型为核心，依托统一的指标体系，及时、全面、准确地掌握和分析公司的生产经营状况、核心资源的利用状况与运营绩效，实现关键指标的预警与报警，开展跨业务、跨层级的多维分析和深度数据挖掘，强化预算与计划的匹配度，发现、协调、解决计划执行中存在的问题，提升公司运作水平，支撑价值创造最大化。

（三）生产指挥应急中心

以全面生产监控为依托，构建公司生产、指挥、调度及应急处置等业务体系的核心中枢和指挥部。对异常报警情况和事件信息能够主动调用、及时推送，并进行报警跟踪闭环。以"平战结合、联动响应"的方式，在生产监控的基础上，实现"平时"的生产、调度、指挥和"战时"的事件应急处置可随时切换。

（四）安全环保监管中心

以支撑构建全要素、全过程、全链条的安全生产管理体系为目标，实现安全生产一体化管控。在生产管理方面，以设备全生命周期管理为主线，统筹生产执行体系的业务，以实现设备资产的安全、可靠及高效为宗旨，实现资产效能和运营效益的综合最优。在安全管理方面，以风险管控为核心，从以事件管理为核心向以风险管控为核心转变，在安全生产一体化理念下加强生产全过程的安全管控，实现风险可辨识、可评估、可控制。

（五）设备虚拟诊断中心

通过实时采集电厂主机和重要辅机的运行状态参数和主要指标数据，集中专家资源优势，利用成熟的诊断模型和技术，对生产过程的数据进行远程实时分析和诊断。通过对发电生产设备与系统运行特性的深入研究，建立设备故障分析模型和知识库，通过对未来设备故障工况的分类识别和趋势预测，支撑设备故障的早期预警、故障诊断、劣化分析和健康状态评估。

（六）电力交易优化中心

以公司整体效益最大化为目标，以交易优化为抓手，依托集团统建电力营销平台，推动营销、生产的模式创新，通过市场分析、交易组合、机组组合等业务环节，实现发电资源协调和客户资源协调，实现发售一体化及业务协同。

二、一体化信息支撑

"1"代表一体化信息支撑平台：以集团网络安全和信息化工作要点和信息化架构标准为准则，遵循"六统一、大集中"的原则，实现数据统一采集、统一入湖、统一存储、统一模型、统一运维，满足一个平台多层应用的要求，实现数据穿透、业务贯通、一体化协同的目标。

"5"代表以五大技术体系为基座：遵循集团信息化技术架构，基于集团统一的"平台底座、云网底座、数据底座、运行维护及信息安全"五大信息技术体系，为业务应用提供跨组织、跨业务的统一信息共享和柔性集成能力，有效支撑智慧管理体系的规范化运转和数据的标准化共享，形成高价值数据流和标准化业务流。

"6"代表六大数字化转型方向：将制度表单化、数据标准化、营运协同化、资源共享化、管理智能化、决策即时化六个方面作为数字化转型的重点方向，以数字化转型驱动区域一体化运营管控及管控模式的创新。

（一）制度表单化

建立以制度表单化为核心内涵的企业管理制度承载、运转机制，使企业的管控体系及管理标准通过信息化手段得以固化，形成清晰、简洁、一目了然的标准化电子业务表单。通过电子表单的流转与处理，形成企业管理简便、高效的呈现方式与事务处理模式，使各项管理标准在实际运作和工作中得到贯彻和执行，实现企业管理的有章可循、自动化驱动和整体效率的提升。

标准化的表单要求管理者与被管理者直接填写、核对和确认，在信息系统中，将对填写数据进行规范化限制，从而保障表单的质量和数据的准确性、有效性。这些统一、准确、有效的数据管理可以概括为"就源输入、多次应用、环环相扣、相互勾稽"。

就源输入，就是这个信息在哪儿发生就在哪儿输入；多次应用，就是在多个部门统一应用这一信息，不重复采集信息；环环相扣，就是在所有的信息之间建立内在的逻辑关系；相互勾稽，就是通过信息间的内在逻辑关系进行相互验证。

制度表单化的逻辑流程示意图如图 4-2 所示。

图 4-2　制度表单化的逻辑流程示意图

电子表单的内容包含管控点、管控标准（均来自不同层级的管理制度）。提交的表单在按照业务流程流转时，对出现的异常情况，信息系统将自动根据管控点、管控标准，触发异常处理流程，启动相应的异常管理机制。

（二）数据标准化

以数据资源化为方向和目标，构建统一的数据采集标准、数据管控标准、数据质量标准、指标体系标准等，基于统一的测点编码规则（KKS）和指标体系，实现数据的标准化，构建统一的数据采集、存储、处理规则，构建数据采集、存储、整合、分析、交换和共享服务平台，形成统一、标准的数据资源，提供全业务口径、全数据类型、以及全量生产管理数据的服务，使业务数据化、数据业务化，实现数据一个源，业务一条线，协同一张网。

（三）营运协同化

营运协同化的核心是把区域内各厂站的业务与资源，以及外部的企业与社会资源，纳入整体的运营体系中，通过打造互相联系、协同运作的运营平台，形成开放的协同机制，整合内外部所需资源，网罗所需人才，实现融入社会、能力延伸、灵活机动、合作多赢。

(四) 资源共享化

资源共享化是以优化配置企业资源为宗旨，在对资源实行集约化管理的基础上，为生产运营提供共享化的服务，以形成高效的管理价值链。资源共享化既是对资金、燃料、设备、备件、原辅材料等实物资源的共享，也是对数据、经验、知识、服务等非实物资源的共享；既是企业内部资源的优化共享，也是与社会优质资源的双向共享。资源共享化将简化企业结构、整合资源，将企业各分支机构"分散式"、重复性的职能业务整合到共享服务进行处理，促进企业将有限的资源集中到核心业务，以实现整合资源、降低成本、提高效率的目标。

(五) 管理智能化

管理智能化是以现有管理模式为基础，以智能计划、智能执行、智能管控为手段，以智能决策为依据，智能化地优化配置企业资源，建立企业运营秩序，智能保障安全生产。管理智能化通过"机要素""人因素"的高效整合，打造集灵敏感知、畅通互联、科学预判、敏捷响应、系统学习等智能化特征于一体的业务智能管理体系。在本部层面重点体现为对生产运行、安全可靠、节能环保、燃料供应、经营管理等信息的全面感知和把握，并进行综合分析、快速预判和决策，为电站层面的执行提供高效的指挥、准确的指令。在电站层面重点体现为标准规范的流程、表单和操作手册，根据智能判断决策，快速响应并处理具体的生产运行和检修工作，并对形成的知识、技能进行积累、总结和反馈，形成有效的知识共享机制，打造绩效卓越的一线团队。

(六) 决策即时化

个性化定制能力的提升和个性化定制需求的增加，使决策即时化成为大数据时代的组织决策趋势，其特点是决策从后台向前端转移、从事后向即时转移。大数据决策应是集中决策与分散决策的结合。共性的问题适合集中决策，个性的问题适合分散决策。一线员工的分散决策需要调用数据中心的资源和计算能力；集中的决策需要与员工的本地数据进行锚定和关联。

第二节　业务架构

区域一体化运营管控平台的核心业务通过一体化信息支撑平台将数据—业务—应用融合在一起，围绕核心价值链，实现端到端的互联，形成协同、联动的六大虚拟业务管控中心：共享协同发展中心、在线经营管控中心、设备虚拟诊断中心、生产指挥应急中心、电力交易优化中心、安全环保监管中心。与集团统建的集团一体化管控平台（ERP，包括人资、财务、物资、燃料、设备等）和电力营销管理&交易辅助决策系统等一起，构成了区域一体化运营管控的完整业务架构，如图4-3所示。

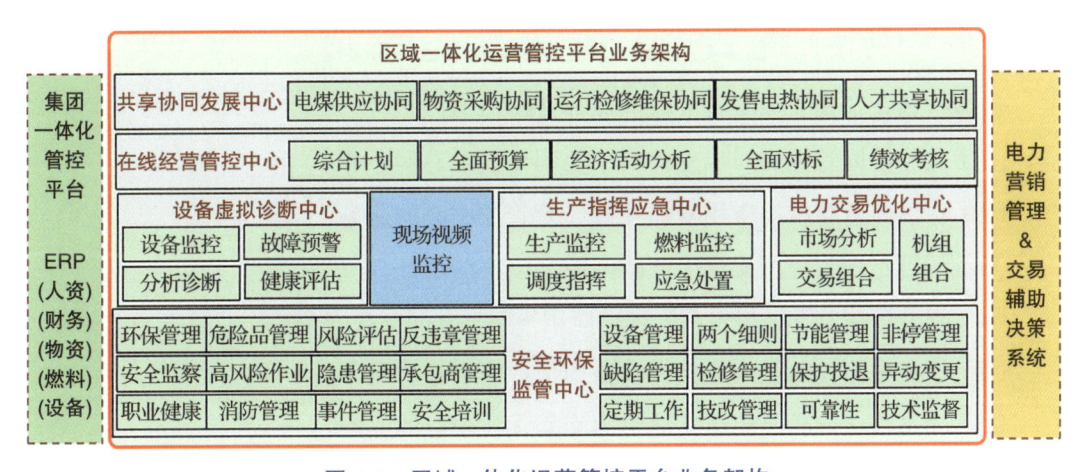

图 4-3　区域一体化运营管控平台业务架构

第三节　应用架构

区域一体化运营管控平台的应用主要包括共享协同管控、在线经营管控、生产管理、调度指挥、设备虚拟诊断、安全环保监管、交易优化分析七大类应用群，在业务呈现方式上实现按岗定制的智能工作台类应用模式。区域一体化运营管控平台应用架构如图4-4所示。

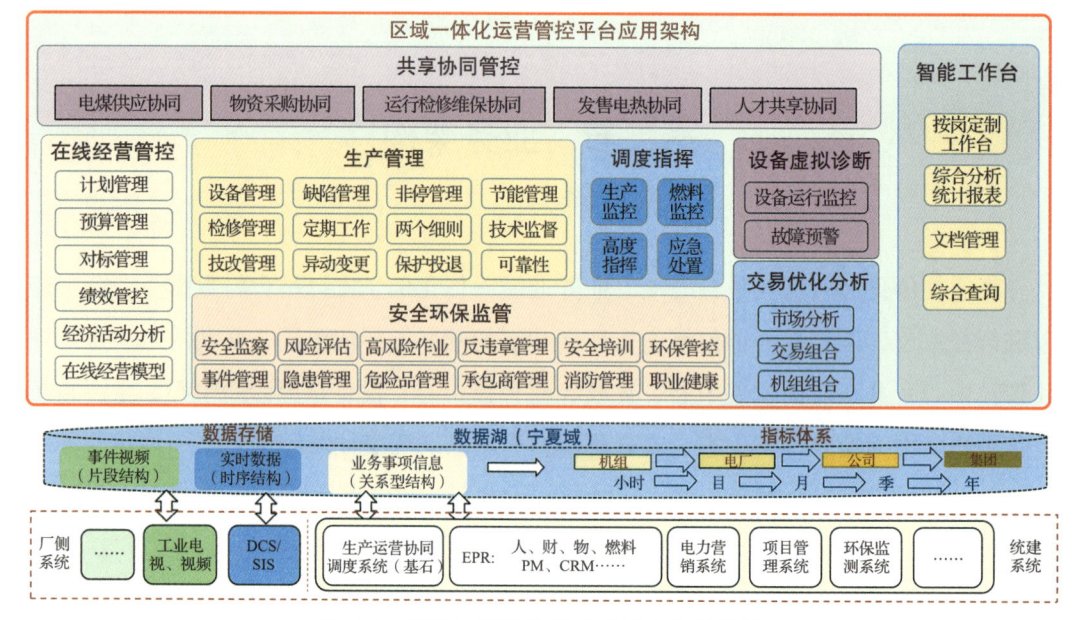

图 4-4 区域一体化运营管控平台应用架构

区域一体化运营管控平台支撑的业务范畴如下。

（1）共享协同管控类应用支撑共享协同发展中心的业务。

（2）在线经营管控类应用支撑在线经营管控中心的业务。

（3）调度指挥类应用支撑生产指挥应急中心的业务。

（4）安全环保监管类与生产管理类应用一起，共同支撑安全环保监管中心的业务。

（5）设备虚拟诊断类应用支撑设备虚拟诊断中心的业务。

（6）交易优化分析类应用支撑电力交易优化中心的业务。

第四节　数据架构

一、数据库建立原则

构建平台数据库涉及的业务部门复杂，数据量庞大，安全保密性要求高，需要对业务应用、数据特点、展现方式进行综合考虑。发电企业生产经营数据的类型众多，如生产实时数据、经营资产数据等，数据具有来源多、类型杂、体量大、应用广的特点。针对电力数据的特点与不同场景的应用需求，利用业务驱动数据标准化，利用数据赋能业务，结合数据湖的主题、集成、相对稳定、反映历史变化的分层思想，形成原始库、标准库与专题库的层级架构，基于分布式大数据计算框架实现多源异构数据的标准化治理。统一原始库、标准库、专题库的数据分层架构模式，通过数据指标结构化、规范化的方式实现指标口径统一，具体原则如下。

（一）原始库

原始库储存的是未经处理的原始数据，该区域的数据表与数据源的数据结构及数据内容保持一致，仅对数据类型进行必要的转换。数据是平台最重要的资产，对数据的任何处理都可能带来信息的丢失，即使是脏数据、空数据、冲突数据，也体现了数据产生那一刻的数据情况。因此，为了尽可能保留原始信息，方便必要的时候或新技术、新方法出现的时候，对数据进行重新处理，有必要设置原始库，尽可能保留未经任何处理的原始数据。原始库不直接面向终端用户提供服务，由平台管理员对其进行清洗和标准化，导入标准库。原始库存储按数据描述实体可划分为燃料、生产安全、经营绩效、电力营销等多个数据主题。原始库汇集了不同类型、不同格式的数据。

（二）标准库

标准库是对原始数据进行数据清洗、标准化后格式化数据的存储，除标准数据外，还包括组织维度表、时间维度表、对照表等。同一个指标可能会有不同的来源，如发电量指标来源可能有实时数据、报表填报等，这些不同来源的数据可能是重复、矛盾、字段不一致的，在原始库中应该分开存储，保留不同数据来源的信息。在标准库，不同来源的数据应该经过清洗、融合与标准化，形成统一、一致的标准化数据。此外，原始数据中还可能存在数据残缺、错误、重复、矛盾等脏数据，在使用指标分析之前，必须要对这些脏数据进行处理。只有经过清洗和标准化之后的数据，才能从原始库进入标准库，为用户提供数据服务。一体化标准库由标准日库、标准月库、标准年库构成，分别存储日、月、年维度的数据。

（三）专题库

专题库存储面向业务应用的数据，根据业务需求从标准库抽取数据，按维度建模，并进行统计、计算或汇总，从而形成具有业务意义的指标数据。各类数据往往是为了实现某个单一业务而设计、采集的，只有加工成具有业务意义的指标数据，如根据发电量、装机容量两个指标，经过计算、统计汇总得到的利用小时指标，才能够体现机组使用情况的特征，挖掘运行规律，支撑运行监测、分析研判、规划决策支持等各类应用。专题库的指标表根据场景应用可划分为业务实体表、业务明细表、业务指标表、公共数据表。业务实体表描述业务实体的空间地理信息及属性数据。业务明细表则记录业务发生的过程和结果信息，主要包括燃料、生产安全、经营绩效、电力营销等主题数据。业务指标表则存储业务指标数据，统计不同主题在不同维度的指标，提供统一标准的维度对照表，确保所有指标都是在同一个维度中，具体划分为地理信息表、空间维度表、时间维度表与对照表。公共数据表为系统中数据量较小、变动少，而且属于高频联合查询的依赖表，如设备参数表、组织机构关系数据字典表等。

二、数据库建立方法

数据库建立方法指通过数据模型满足数据需求，以指导对数据资产的分布控制与整合。构建数据架构体系旨在打破业务到信息系统的鸿沟，并通过技术手段以规范、易于理解、可视化的方式展现出来。

（一）数据架构设计方法

（1）以业务过程与应用为主线，识别数据资产，加深对业务的理解，支撑端到端业务的贯通。

（2）制定数据标准，构建统一的概念体系和数据分类体系，规范数据管理与应用。

（3）实现从业务术语到系统的映射关系，打通系统间的数据流，明确数据源，支持数据查询、数据问题可追溯及数据集成与共享。

（4）加强数据资产责任管理，提升数据质量，保障数据资产的价值。

（二）数据架构设计要点

数据架构体系的核心在于依据企业的实际数据需求，对数据资产进行有效管理，既帮助企业合理评估、规范和治理企业数据资产，又可以挖掘数据资产价值、促进其持续增值。

1. 明确数据责任主体

数据架构设计要点包括：依据企业业务模型，指定数据业务规则制定者和数据产生的执行者，明确各业务部门在数据治理中的管理范围、管理职责，建立数据资产管理责任机制，把数据治理工作融入日常工作中。

2. 统一公司范围内的数据定义

数据定义是从业务角度描述公司数据的业务含义、业务规则。统一数据定义有助于理解数据的业务含义，保障业务术语在公司范围内语义统一，提高企业的数据识别和使用效率。

3. 明确数据与过程的关系

建立数据与业务过程、活动的关系，通过分析数据在业务过程中的流转情况，定义数据间上下游的关联关系，支持数据影响分析，为企业数据治理提供参考和规范。

4. 明确数据间的关系

通过分层次、分领域设计数据模型，明确数据间的关系，形成数据结构的基本蓝图，增强数据的可读性和复用性，支持数据问题快速定位，降低系统的维护成本。

5. 统一数据源

数据源包含业务层面和技术层面的数据源。业务层面的数据源指记录数据的原始业务表单、文件等，技术层面的数据源指记录、存储数据的原始系统，统一的数据源为数据源治理提供依据。

（三）数据设计步骤

一是定义数据标准。基于实际业务需求，按照业务过程—活动—表单的模式梳理或优化现有业务，从业务表单中识别数据实体及数据属性，定义数据实体及其属性的业务含义、业务规则、数据格式等，形成数据标准。

二是建立业务—数据—系统的映射关系。定位数据所处的业务过程，追踪数据业务规则制定者、数据产生执行者，明确各业务方数据管理的职责范围；明确数据在数据库中的存储状态，建立数据属性与物理层数据库、表、列的映射关系，支持数据资产的快速查询。

三是设计数据模型。从企业业务的视角，整合企业数据资产，通过层层细化构建主题域、概念、逻辑三层数据模型。其中主题域模型是企业最上层的数据模型，是针对业务关键领域的分类；逻辑模型需要采用数据属性分割策略，定义数据实体、关键属性及主外键等，在企业数据模型与现有系统映射的过程中，能够及时暴露并解决系统之间数据的差异和冗余问题。

四是定义数据源与数据流。明确企业数据在信息系统（各信息系统、系统内部各个模块）中的数据流转情况，分析数据流，指定唯一数据源，规范数据的集成与共享。

五是形成数据资产地图。数据架构的整合、展示须借助数据指标平台，实现数据在业务层面和技术层面的贯通，形成数据资产地图，确保企业数据资产的管理落地。

三、数据标准化

（一）数据标准化的意义

数据是信息系统的基础，数据标准化主要包括数据处理计算、数据质量和数据标准等。数据处理计算即将一种原始数据通过加工计算转换成为标准指标数据的技术。数据质量是对已完成计算数据的一些业务要素的检查，包括标准数据精度、指标、数据单位、数据值和显示逻辑的一致性、数据完整性和层次关系等内容。每个用户都希望获得现时、完整而准确的数据，每个部门又对数据的精度、流通性、完整性要求不同，因此，要形成一个数据标准，对数据业务定义进行统一。数据标准涉及业务数据的描述、分类、编码、维度等方面的内容。

数据标准化主要体现在对数据信息的分类和编码。对数据信息的分类是指根据一定的维度对数据进行派生，构成一个多维度的指标数据体系。数据的编码设计是在分类体系基础上进行的，数据编码要坚持系统性、唯一性、可行性、简单性、一致性、稳定性、可操作性和标准化的原则，统一安排编码结构和码位。数据标准化是数据共享和系统集成的重要前提，可以节省费用、提高效率、方便应用，有利于系统的推广应用，实现数据共享，减少数据的采集费用。

标准化过程是通过某业务规则的计算公式，将单一或多个原始数据变成新的符合标准规范的指标值，它可能与原始数据集合中的其他值有关，但不是简单的数据转换，而是经过精确的业务逻辑计算而得。

（二）数据标准化的原则

1. 唯一性

数据指标编码必须唯一且与派生指标编码存在关联关系。

2. 同一指标内部数据相对差距不变

同一指标内部数据的相对差距是指不同的评价对象在一个指标上的表现不同，表现的差异即体现了数据的相对差距，标准化后的数值应该保持相对差距的不变性。一般情况下，综合评价选择的标准化方法都不应改变评价对象间的相对差距。

3. 区间稳定性

任意一个指标经过标准化后的指标值都要在一个确定的区间内。

4. 总量恒定性

任意一个指标经过标准化处理后，各评价对象的标准值之和为一恒定的常数。

5. 差异比不变

标准化后的数据保留原有数据之间对某个标准量的比较关系。

6. 缩放无关性

将原始数据放大或缩小，标准化后的结果不变。即 f(cx)=f(x) 成立，其中 c 为任意非零常数，f(x) 为标准化函数。

（三）数据标准化的方法

数据标准化是数据共享的前提，数据标准化的程度与数据共享的能力成正比。数据标准化使各个应用系统对客观实体的分类和描述手段一致，或者提供相应的转换接口。在理解一致的前提下，应用标准数据编码系统和统一的逻辑描述方式，使共享数据库成为可能。数据标准化过程如图 4-5 所示。

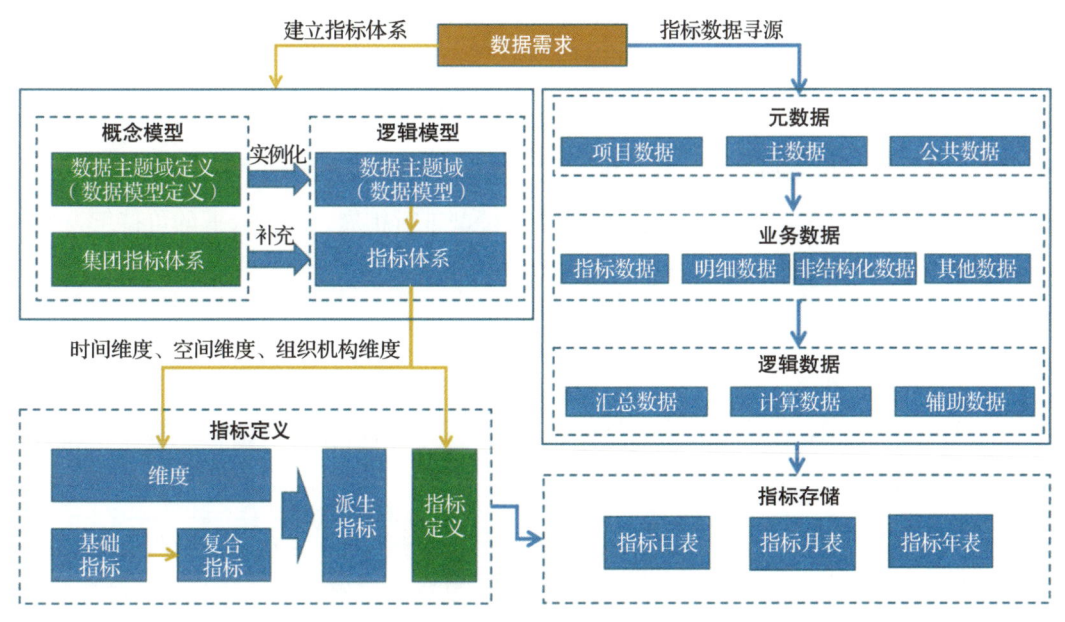

图 4-5 数据标准化过程

根据一体化运营管控系统的数据需求，标准化分两步进行，最终形成有效指标数据的存储、共享。

1. 指标体系的建立原则

综合运用企业系统规划法等分析方法，一方面使用关键成功因素法，自上而下分析数据类别；另一方面借助系统规划和业务流程优化思想，梳理部分业务流程，自下而上提取基础数据；进而提取并识别概念数据库、逻辑数据库、数据分类、数据元，建立数据模型，遵循关系数据库规范设计数据库结构，最终实现信息的全面性和数据的规范性。

数据标准化进程与平台项目建设进程同步进行，在保证建设速度的同时坚持标准化原则，以支持信息资源充分共享与各子系统的整合，实现速度与标准并重，同时确保数据标准化的实用性，防止数据标准化流于形式。

2. 数据模型

数据模型包括三个层面。①概念模型，按专家意见和业务需求对数据和信息建模，通常是对指标数据类别进行划分。②逻辑模型，它面向实际的数据库，表现为数据结构（用于描述指标的静态特性，研究与数据类型、内容、性质有关的对象）、数据的约束条件（一组完整性规则的集合。完整性规则是给定数据模型中数据及其联系所具有的制约和存储规则，用以限定符合数据模型的数据库状态及其变化，以保证数据的正确、有效、兼容）。此外，数据模型还应该提供定义完整性约束条件的机制。③遵循集团指标体系规则，进行具体指标的划分和建立。

数据模型应该具有以下几个特性。①先进性，数据模型应该符合当前的技术标准，适应企业3～5年的发展需要，就是说，在3～5年之内具有先进性。②可扩展性，数据模型必须具有可扩展性，根据企业的需要对模型进行扩展，支持企业的可持续发展。③可靠性，数学模型必须准确可靠，能够保证基于这些数据模型的信息系统的安全运行。④一致性，数学模型在整个企业范围内是完全一致的。

建立数据模型的步骤大致如下：根据实际业务需求整理出概念模型及逻辑模型→遵循集团指标体系形成本系统指标体系→定义基础指标，根据业务属性、日期、类别等不同维度定义派生及复合指标。

3. 数据编码标准

数据编码是建立企业信息的基础，关系到信息系统的效果和成败。必须对系统涉及的所有指标进行编码，并且做到每一个编码都是唯一的。计算机系统严格按代码管理，各种代码始终贯穿于所有信息中。

编码的分类与取值是否科学、合理直接关系到信息处理、检索和传输的自动化水平与效率，信息编码是否规范和标准影响信息的交流与共享等性能。因此，编码必须遵循科学性、系统性、可扩展性、兼容性和综合性等基本原则，从系统工程的角度出发，把局部问题放在系统整体中考虑，达到全局最优化。遵循国际标准、国家标准、行业标准和企业标准，建立适合和满足本企业管理需要的信息编码体系和标准。只有信息分类编码标准、统一，各信息系统才能有效地集成和共享。在编码过程中，要遵循以下三个原则：首先要树立一体化的思想，所有的编码都要站在整个集团及公司的角度进行编制；其次，编码既要考虑到现有的需求，也要结合未来的需求；最后，编码要规范化。

4. 指标数据寻源

根据业务需求，针对本平台需要的数据，需要从集团数据湖中接入外部数据，来完成平台数据的展示。本部分数据大致分三类。

（1）元数据：主要包含 MDM（主数据管理）产业主数据、区域公司组织维度（电厂、机组）数据等。

（2）业务数据：主要包含电力实时系统、ERP 燃料管控系统、电力产业数据填报系统、基石系统、环保系统等基础数据及明细数据。

（3）逻辑数据：基于已有的元数据及业务数据，进行计算、汇总，形成平台需要展示的指标数据。

四、数据资产化

数据资产管理对电力企业的发展具有积极的推动作用，但由于电力企业受自身的管理模式、认识水平、数据质量和应用水平的限制，导致数据资产未能有效地发挥应有价值。基于此，从数据资产管理的特征入手，通过对电力企业数据资产管理现状进行分析，进一步提出改进数据资产管理工作的有效措施，旨在提高电力企业数据资产的管理水平，夯实数据化运营基础。数据资产化有助于提升企业的数据价值，推动企业向数据化运营转型，实现将数据转换为智慧，使企业获得竞争优势，更好地把握市场先机，向更高层次迈进。

（一）数据资产管理的特征

数据资产既具有实物资产的特征，又具有无形资产的特点，主要表现为客户广泛性、成本收益性和寿命周期性。客户广泛性是指数据资产可为不同客户提供服务。数据资产作为一种资源，可以根据客户的不同需求，挖掘出不同的价值，应用范围十分广泛，已不局限于企业内部或行业内部，数据资产可当作商品进行出租、出售，从而产生效益。成本收益性是指数据资产创造的价值大于成本，也就是通常所说的资产回报率大于100%。数据的产生、存储、运维、共享、使用、退出等都需要投入一定的人力、物力和时间，具有一定的成本。数据使用后又可以创造价值，具有相应的收益，当数据效益大于数据成本时才可以归为数据资产。数据的生命周期是指某个集合的数据从产生或获取到销毁的过程。数据生命周期分为采集、存储、整合、呈现与使用、分析与应用、归档和销毁几个阶段。在数据的生命周期中，数据价值决定着数据生命周期的长度，并且数据价值会随着时间的变化而递减。

（二）开展数据资产管理的必要性

电力企业开展数据资产管理是实现数据化运营转型的重要基础。数据化运营是指企业开展的所有生产、经营、管理活动都是以数据信息为依据，数据不只是简单的辅助诊断工具，更是企业制定发展战略、经营策略、政策方针的科学依据。通过开展数据资产管理工作，有助于提高企业工作人员对数据资产的价值认识，形成统一的数据视图和数据规范，提升电力企业数据资产管理水平，为后续大规模数据应用夯实基础。

（三）电力企业数据资产管理现状

1. 对数据资产管理工作不够重视

在电力企业信息化建设过程中，数据资产总量高速增长，虽然有专门的机构负责数据管理，但仍然存在数据质量不高、管理方式粗放等问题，影响数据资产管理工作的实际效果。究其原因，主要是电力企业有着明显的行业优势，对经济收益的需求不如一般商业公司强烈，造成对数据资产管理工作不够重视。很多电力企业都缺少数据管理岗位的编制，数据管理工作由其他部门人员兼职管理，不论是时间上还是精力上都不能满足数据资产管理的要求，再加上有些电力企业数据管理的关键操作流程缺失，工作人员在具体实施数据管理时只能凭经验或参照传统商业智能分析思路，最终导致数据管控能力较弱，数据质量不高，直接影响数据分析的准确性和实时性。

2. 数据整合缺乏统一规范

来自不同业务条线的数据统计口径、区间及采集逻辑等相对独立，导致不同来源数据间缺乏切实有效的整合，尚未形成统一的企业数据视图和数据标准，直接影响数据统计结果的一致性和完整性。而且有些数据尚需手动输入，在一定程度上也影响了数据的采集效率和准确度。

3. 缺乏明确的数据应用场景

电力企业很多数据分析工作仅限于企业内部，无法实现跨行业、跨领域的综合分析，实际产生的价值也不十分明确，开展数据资产管理工作的意义看似不大，最终导致开展数据应用的积极性不高；对新的数据分析软件、数据分析方法的运用相对保守，对开展大规模的数据应用驱动力不足，限制了数据价值的有效发挥。

（四）数据资产化方法

1. 数据大集中，形成企业数据资产

平台自建数据资产管理平台，从数据的采集、处理、分析实现企业数据大集中，并将收集处理后的数据上传到平台的数据库中，消除电厂间的数据孤岛，加强企业的内部协同性，形成企业的数据资产。

2. 统一数据共享

通过对数据价值的深入分析与挖掘，以数据为支撑创造更好的服务，推动企业决策机制从"业务驱动"向"数据驱动"转变，从而实现统一数据共享。

（五）数据资产化的步骤

1. 构建资产化管理平台

通过软件采集等方式构建数据湖，将企业生产运营中产生的数据进行收集、存储、管理。

2. 打造数据流

将数据湖中分散、凌乱、不统一的数据整合到一起，利用大数据技术等进行数据清洗、数据合并、数据挖掘、数据标准、安全脱敏、多维关联等数据治理操作，提高数据质量，为企业提供经营决策支持。

3. 共享数据

建立统一数据服务平台，将数据湖中的数据根据客户需求，提供统一、规范的多种形式的接口，便于调用。

由于平台是统一构建业务模型的，它和底层数据是解耦的。当底层数据发生变化时，业务模型是不变的，如底层的表变了或者字段更名，对上层数据应用的使用方来说是无感知的。基于这样的架构，整个底层数据的变动对上层应用整个解耦，对数据使用方来说无感知。

平台管控数据访问的权限包括用户访问的数据等，都要在数据服务平台进行统一管控，构建对多数据源统一管控的体系。

五、数据架构

区域一体化运营管控平台的数据架构包括外部系统（数据源）接入、数据湖（省级和区域级域）两部分，如图4-6所示。

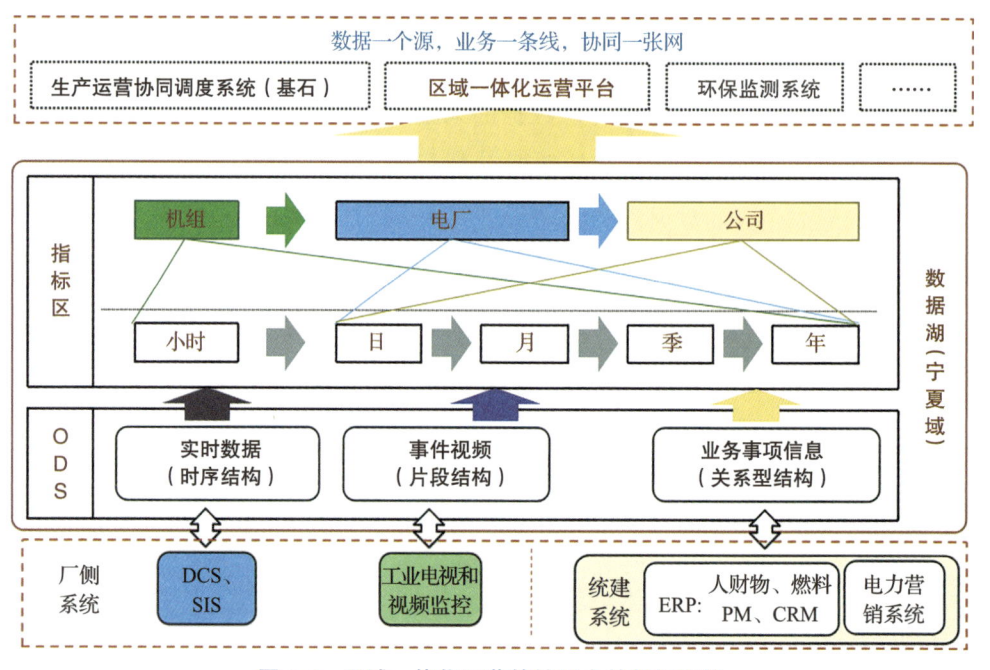

图4-6 区域一体化运营管控平台的数据架构

（一）外部系统（数据源）接入

一是实时数据的接入。将发电机组的实时生产数据从电厂SIS（或DCS，即分散控制系统）直接接入数据湖，依据统一标准进行存储，并基于此数据计算生产类相关指标。

二是业务信息的接入。从 ERP、电力营销等专业系统中获取公司及电厂的生产经营活动过程中所产生的业务事项及过程信息（关系型结构）。

三是视频信息的接入。平台与各电厂的工业电视和视频监控系统实现通道的联通，可即时调阅、查询所有视频信息，并对重大安全事件、环保事件等信息进行存储。

（二）数据湖（省级和区域级域）

数据湖（省级和区域级）主要包括业务数据存储区〔ODS（操作数据存储）区〕和业务指标区（含数据集市）。

1. 业务数据存储区

业务数据存储区主要包括实时生产数据和生产经营业务过程的事项数据，以及重大安全事件、环保事件的视频记录信息。

其中，实时生产数据依据区域公司对电厂的生产管控要求，并遵循集团《电厂测点编码（KKS）应用规范（试行）》，按照火力发电机组的生产工艺过程，确定锅炉侧的制粉系统、一次风系统、二次风系统、主蒸汽系统、再热蒸汽系统、排烟系统、吹灰系统、环保（脱硫脱硝）系统，汽机侧的主蒸汽系统、再热蒸汽系统、抽汽系统、凝结水系统、给水系统、循环水及空冷系统、抽真空系统和供电、供热系统等生产工艺系统中生产工质的主要状态参数，以及上述系统中主要辅助设备的运行参数和电耗参数，作为发电机组生产实时数据的采集范围。基于此采集范围，将各电厂所有发电机组的实时数据采集入湖并经标准化后进行存储，形成统一的标准化的实时数据集。

2. 指标区

指标区主要包括指标体系的结构，以及基于此指标体系所计算和存储的不同维度的各项指标。指标体系包括空间、时间和应用三个维度，如图 4-7 所示。

（1）空间维度：主要体现业务指标按照其业务逻辑和生产工艺所形成的指标集与指标汇聚关系。指标集主要是依据《集团全面预算管理办法》《集团综合计划管理办法》《集团电力产业生产运营对标管理办法》《区域公司月度经营业绩考核管理办法》《区域公司年度经营业绩考核管理办法》等所形成的指标项和计算逻辑的集合，涵盖燃料、物资、安全、生产、设备、供能等业务范畴。对生产工艺参数所形成的指标项，遵从"设备→系统→机组→电厂→公司→集团"的汇聚关系；对运营管理的业务所形成的指标项，遵从"机组→电厂→公司→集团"的汇聚关系。

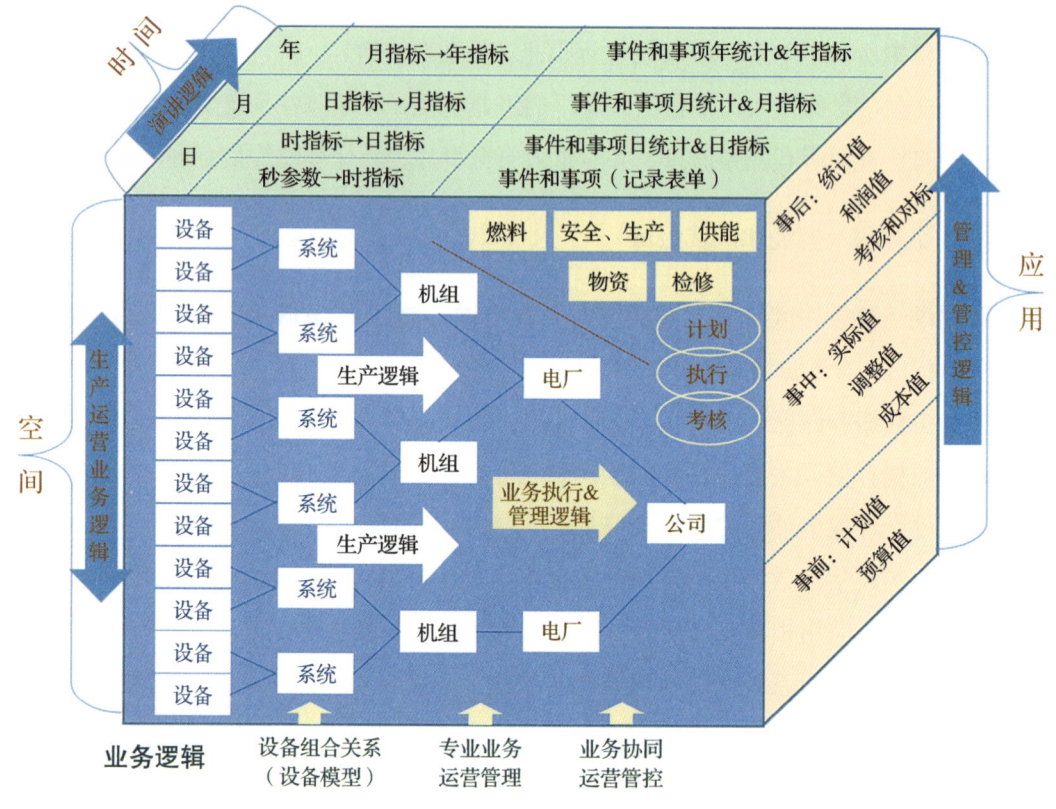

图 4-7 数据湖指标体系结构示意图

（2）时间维度：主要体现业务指标按照自然时间的流逝所形成的指标汇聚关系。对生产工艺参数所形成的指标项，遵从"秒→时→日→月→季→年"的汇聚关系；对运营管理的业务所形成的指标项，遵从"日→月→季→年"的汇聚关系。

（3）应用维度：主要体现业务的闭环过程，按事前、事中、事后的逻辑，将各项业务指标分为事前的计划类、事中的执行状态类、事后的考核等，同时从财务经营视角建立与之对应的（事前的预算类、事中的成本类、事后的利润类）指标及其关系。

第五章 一体化运营管控应用

第一节 生产指挥应急中心

生产指挥应急中心是以全面生产监控为依托，构建公司生产指挥调度及应急处置等业务体系的核心中枢和指挥部。实现对火电机组总体状况、发电生产过程、远程视频、安全环保状况、机组出线等的实时监控，以随时掌握发电状况，实时监控重要辅机及主机的运行状态，对异常报警情况和事件信息主动调用、及时推送，并进行报警跟踪闭环。以平战结合、联动响应的方式，在生产监控的基础上，实现"平时"的生产指挥和"战时"的事件应急处置的随时切换。做到事前风险预控、事中应急管理和事后事件管理，确保在生产安全事件发生后能够快速、有序地开展应急响应与处置工作，实现有效控制事件规模、降低事件损失的目标。

一、生产监控

（一）生产监控的主要指标

生产监控主要体现区域级公司生产情况的全貌信息，可通过以下指标反映区域公司的基本生产情况，如表 5-1 所示。

表 5-1 生产监控的主要指标

序号	指标名称	指标说明	计量单位	业务逻辑描述	专业
1	负荷	日实际	万千瓦·时	/	能耗
2	日发电量	日实际	万千瓦·时	/	产量

续表

序号	指标名称	指标说明	计量单位	业务逻辑描述	专业
3	上网电量	日实际	万千瓦·时	/	产量
4	月发电量	月实际	万千瓦·时	/	产量
5	运行小时	日实际	小时	/	可靠性
6	运行小时	月度实际	小时	/	可靠性
7	月发电量计划	月度计划	万千瓦·时	/	产量
8	年发电量计划	年度计划	万千瓦·时	/	产量
9	发电标煤耗量	月度实际	吨	发电标煤耗量 = 耗用标煤量 − 供热标煤耗量	能耗
10	发电耗水量	月度实际	吨	/	能耗
11	耗油量	月度实际	吨	/	能耗
12	耗煤量	日实际	吨	/	燃料
13	生产厂用电量	日实际	万千瓦·时	/	能耗
14	生产厂用电率	月度实际	%	生产厂用电率 = 生产厂用电量 ÷ 发电量 × 100	能耗
15	安全生产天数	日实际	天	/	安全
16	人身事故	月度实际	次	/	安全
17	SO_2 排放量	日实际	吨	/	环保
18	NO_x 排放量	日实际	吨	/	环保
19	烟尘排放量	日实际	吨	/	环保
20	供热量	月度实际	兆焦	/	产量
21	负荷	月度实际	万千瓦·时	/	能耗
22	负荷率	日实际	%	负荷率 = 发电量 ÷（额定装机容量 × 运行小时）× 100%	运行
23	负荷率	月度实际	%	负荷率 = 发电量 ÷（额定装机容量 × 运行小时）× 100%	运行
24	日发电量	日实际	万千瓦·时	/	产量
25	调度计划完成率	月度实际	%	调度计划完成率 = 月度实际发电量 ÷ 月调度计划发电量 计算	产量
26	综合供电煤耗	月度实际	克/(千瓦·时)	综合供电煤耗 = 发电耗用标煤量 ÷（发电量 − 综合厂用电量）× 1000000	能耗
27	事故故障次数	月度实际	次	/	安全

续表

序号	指标名称	指标说明	计量单位	业务逻辑描述	专业
28	电力生产事故	月度实际	次	/	安全
29	利用小时	月度实际	小时	利用小时＝（发电量－试运电量）÷平均装机容量	运行
30	非计划停运次数	月度实际	小时	/	运行
31	非计划停运小时	月度实际	小时	/	运行
32	火电机组运行台数	日实际	台	/	运行
33	火电机组检修台数	日实际	台	/	运行
34	火电机组备用台数	日实际	台	/	运行
35	装机容量	日实际	万千瓦	设计值	产量
36	运行容量	日实际	万千瓦	/	产量
37	检修容量	日实际	万千瓦	/	产量
38	备用容量	日实际	万千瓦	/	产量

（二）生产监控的主要信息

依据上述指标，可进一步按照不同主题集中监控区域公司的资源分布、公司产能、产量、能耗、燃料、重要设备、安全、环保等信息，可按区域、电厂（分运营电厂、在建电厂）、机组等不同对象展示其生产状态信息。

1. 产能信息

（1）展示总的区域公司内电厂总数量、总装机容量、机组数量、运行机组数量。

（2）按容量统计的电厂数量、机组数量；展示未来日、周、月的区域计划停机机组容量、区域公司总产能。

（3）展示产能范围内机组的优先启动排序。

2. 产量信息

（1）展示区域公司实时发电量、日/月/年累计总发电量、总供热量、机组总台数、运行台数、总负荷率、能源占比等。点击总览数据可以下钻到电厂、机组、系统等的数据。

（2）监测机组负荷实时趋势，统计实时运行容量、累计发电量、实时出力、出力系数等指标。

（3）监测机组状态，统计机组投运、运行、检修、备用和非停等状态的台数、机组运行时间。

（4）在能耗方面监测区域公司发电折标煤耗、供电折标煤耗，可下钻到各厂发电、供电煤耗情况。

（5）监测区域内所属电厂发电、供电标煤耗及排名；可下钻到各厂的能耗指标偏差分析，实现对区域公司发电成本的掌控。

3. 燃料信息

（1）监测区域燃料总存储信息、区域燃料耗用信息、区域燃料需求信息、电厂燃料告警信息。

（2）展现区域内煤电协同信息。

4. 重要设备信息

（1）在重要设备方面监测运行机组可靠性信息。

（2）重大事故报警数量统计、启停机报警数据统计、非停报警数量统计、超阈值报警数量统计、事件数量统计等。

（3）通过报警信息可以直接下钻到数据源层，分析报警原因。

5. 安全信息

（1）计算区域公司连续安全生产天数。

（2）统计重大安全隐患数量、电力生产事故数量、安全事件数量。

6. 环保信息

（1）烟尘、SO_2、NO_X、废水等达标排放率、总量监控。

（2）超低排放情况、超标情况统计，实现超标标识和报警。

（三）实时性能计算与耗差分析

1. 简要介绍

（1）以实时生产数据为依据，通过对所属各电厂设备及系统参数进行实时监测、性能计算及耗差分析，全面、直观反映机组运行状况，明确给出其节能降耗潜力，达到提高机组效率、降低煤耗的目的。

（2）性能计算应包括机组级和厂级两个层面，建立机组热力设备及系统的性能数学模型，在线实时、准确地计算、分析、评价发电厂技术经济指标和设备的性能指标，实现对机组全方位性能的在线监测。

（3）耗差分析通过对影响机组安全性、经济性的关键性指标进行偏差在线计算，定量给出参数偏差对基准煤耗的影响，并给出消除偏差的指导建议或系统自动进行耗差消差。

（4）实时性能计算与耗差分析应对能效指标的发展变化趋势进行预测，实现预测性报警；应具备指标统计分析、工况分析与能效对标等工具，实现实时与定期小指标统计、数据归类统计、特定工况分析、能效对标统计等功能，实现全方位能效计算和监测。

2. 主要内容

（1）机组级性能计算和分析。

燃煤凝汽机组性能计算应包括汽轮机热耗率、高压缸效率、中压缸效率、主汽压力、主汽温度、再热汽压力、再热蒸汽温度、再热器压力损失、给水泵汽轮机用汽量、最终给水温度、厂用电率、凝汽器真空、凝结水过冷度、凝汽器端差、湿冷却塔幅高、各加热器端差、过热器减温水流量、再热器减温水流量、燃料发热量、辅助蒸汽用汽量、机组补水率、锅炉效率、锅炉排烟温度、烟气含氧量、飞灰含碳量、空气预热器漏风率、主要辅机（引风机、一次风机或排粉机、送风机、磨煤机、增压风机、电动给水泵、凝结水泵、循环水泵等）、制粉系统、除尘、除灰系统、输煤系统、脱硫系统、脱硝系统单耗和耗电率等。

①对空冷机组的性能计算，除包含上述性能指标外，还应包括空冷系统耗电量或耗电率、空冷风机频率、进口温差、冷却空气入口温度、冷却空气出口温度、对数平均温差、空气侧传热系数、蒸汽侧传热系数等。

②对带有表面式凝汽器的间接空冷机组的性能计算，除包含上述性能指标外，还应包括循环水泵耗电量或耗电率、循环冷却水流量、循环冷却水入口水温、循环冷却水出口水温和空气进口和出口温度等。

③对供热机组的性能计算，除包含上述性能指标外，还应包括机组供热比、机组热电比、机组供热厂用电率、机组供热煤耗率（热耗率）、供热抽汽流量、供热抽汽温度、供热抽汽压力、热网回水流量、热网回水温度等。

（2）厂级性能计算和分析。

厂级性能计算应包括全厂供电煤耗率、全厂发电煤耗率、全厂供电量、全厂发电量、全厂用电率、发电机电压品质、全厂燃煤量、全厂燃油量、全厂补给水量、全厂汽水品质指标、全厂辅助用汽量等。

（3）机组级经济性指标分析。

机组级经济性指标分析可分为可控耗差和不可控耗差。

①可控耗差应包括主蒸汽压力、主蒸汽温度、再热汽温度、锅炉排烟温度、烟气含氧量、飞灰含碳量、驱动给水泵汽轮机用汽量或电动给水泵用电量、厂用电率、凝汽器真空、锅炉给水温度、各加热器端差、过热器减温水流量、再热器减温水流量。

②不可控耗差包括再热器压损、燃料发热量、高压缸效率、中压缸效率、辅助蒸汽用汽量、机组补水率、凝结水过冷度等。

（4）环保性能计算和分析。

对设有除尘、脱硫、脱硝设备的机组，应对烟气排放、脱硫和脱硝进行环保性能计算和分析。

①烟气排放计算和分析应包括实测（折算）净烟气二氧化硫浓度、实测（折算）净烟气氮氧化物浓度、实测（折算）净烟气烟尘浓度、净烟气含氧量、净烟气湿度、净烟气温度、净烟气压力、净烟气流量、污染物排放小时平均浓度、污染物产生率和污染物排放率等。

②脱硫监测计算和分析应包括烟气脱硫（FGD）入口压力、FGD 出口温度、FGD 出口压力、FGD 入口（出口）烟气流量、实测（折算）FGD 入口二氧化硫浓度、实测（折算）FGD 出口二氧化硫浓度、实测（折算）FGD 入口含氧量、实测（折算）FGD 出口含氧量、实测（折算）FGD 入口粉尘浓度、实测（折算）FGD 出口粉尘浓度及脱除效率等。

③脱硝监测计算和分析应包括选择性催化还原（SCR）进口烟气压力、SCR 进口烟气温度、SCR 进口烟气流量、SCR 出口烟气压力、SCR 出口烟气温度、SCR 出口烟气流量、实测（折算）SCR 进口 NOx 浓度、实测（折算）SCR 出口 NOx 浓度、SCR 出口 NH$_3$ 浓度、SCR 进口（出口）氧气浓度、脱硝剂流量（稀释前）、SCR 反应器旁路挡板开度、SCR 进出口烟气压差、SCR 氨气压力、SCR 氨气温度及脱除效率等。

（四）发电生产监控

发电生产监控主要体现区域内的发电生产运行的全貌，实现对区域内的电力生产过程、能耗表现实时在线监测，打造全天候、全方位、全过程的监测体系，实现对区域内发电的产量、产能、成本、设备运行情况即时掌控，并基于此，对生产运行专题指标进行统一计算和对标分析。主要围绕生产环节指标进行监控分析，包括对发电量和机组运行技术经济指标、发电量分析、供热量分析、厂用电率分析、利用小时分析、缺陷等进行分析。其中专项的监测分析包括以下几点。

1. 区域生产运行分析

区域生产运行分析包括区域发电量和区域机组运行技术经济指标、区域发电量分析、区域供热量分析、区域厂用电率分析、区域发电标准煤耗分析、区域利用小时分析、区域电厂小指标考核分析等。

2. 区域耗差分析与性能计算对标

（1）展示各厂折标煤耗差排名。

（2）机组级性能计算指标对标：各厂负荷率、发电标煤耗、综合和发电厂用电量、综合和发电厂用电率、发电补水量、发电补水率、锅炉效率、汽耗率、热耗率，并支持按机组类型、容量大小、实时煤质分析结果等的条件筛选、展示。

（3）耗差分析对标：各厂发电煤耗、供电煤耗。

3. 区域内各电厂数据监测

（1）厂级数据指标监测：包括全厂负荷、全厂负荷率、发电量、上网电量、综合厂用电量、综合厂用电率、锅炉效率、汽耗率、热耗率、全厂发电煤耗、全厂供电煤耗等。

（2）机组级指标监测：机组负荷率、发电量、发电厂用电率、发电补水率、机组发电煤耗、机组供电煤耗、热耗率、汽耗率、机组热效率（绝对电热效率）。

（3）锅炉性能指标监测：反平衡锅炉热效率（GB）、GB各项损失（排烟热损失、化学未完全燃烧热损失、机械未完全燃烧热损失、散热损失、灰渣物理热损失）等。

（4）汽机性能指标监测：高压缸相对内效率、中压缸相对内效率、循环热效率等。

（5）给水系统性能指标监测：高压加热器上端差、高压加热器下端差、高压加热器进汽流量、除氧器进汽流量、除氧器进水流量、高压加热器给水温升等。

（6）凝结水系统性能指标监测：低压加热器上端差、低压加热器下端差、低压加热器进汽流量、低压加热器凝结水温升等。

（7）真空系统性能指标监测：凝汽器端差、凝汽器真空、凝结水过冷却度等。

（8）风烟系统性能指标监测：空气预热器漏风率（GB）、烟气侧效率等。

（9）厂用电系统指标监测：引风机、一次风机、送风机、磨煤机、电动给水泵、炉水循环泵、凝结水泵单耗、耗电率等。

（10）对空冷、供热机组，应考虑相应指标计算及展示。

4. 区域内各电厂经济小指标对标

（1）展示区域公司内部电厂机组经济小指标考核对标信息。

①参与经济指标考核中的指标：排烟温度、厂用电率、主汽压力、真空、再热减温水流量、NOx、主汽温度、再热汽温度、氧量、给水温度、发电水耗、脱硫效率、脱硫电耗率、除尘电耗、化学指标（海水补水率、液氨耗量）、制粉单耗、一次风机电耗率、送风机电耗率、引风机电耗率、凝结水泵电耗率、循环水泵电耗率、输煤电耗率等。

②考核方法为：按照每一分钟为考核周期（不同的指标时间可调整）计算，与厂方提供的指标的标准值进行对比，从而进行线性差值比较。在最优区间内得分最高，最终通过实时考核的得分汇总成各个值的总得分。

（2）展示区域公司内部电厂机组安全小指标考核对标信息。

①参与安全指标考核的指标：前墙螺旋水冷壁温、前墙垂直水冷壁温、后墙螺旋水冷壁温、后墙垂直水冷壁温、左墙螺旋水冷壁温、左墙垂直水冷壁温、右墙螺旋水冷壁温、右墙垂直水冷壁温、一级过热器壁温、二级过热器壁温、三级过热器壁温、一级再热器壁温、二级再热器壁温、主汽温、再热汽温等。

②安全指标考核方法：根据实时显示每一分钟获取的数据，实时对各指标瞬时值进行查询。一段时间内任一测点超温（压）按超温（压）一次计算，最终统计该指标全部测点超温（压）总次数。

（五）安全环保监控

区域公司安全环保监控以预防事故发生为重点，突出对区域公司内的安全监督、教育培训及考核、应急工作落实、发现问题整改、双预防机制建设、发生事故后总结等各个环节进行监控，做到在线监督、快速反应、闭环管理，提前发现风险隐患，总结事故发生的规律，从而降低事故发生率、实现安全生产。

安全环保监控主要体现区域级公司的安全环保全貌信息，可通过以下指标，反映区域公司的安全环保生产情况，如表 5-2 所示。

表 5-2　安全环保监控指标

序号	指标名称	指标说明	计量单位	业务逻辑描述	专业
主要指标					
1	负荷	日实际	万千瓦·时	/	能耗
2	日发电量	日实际	万千瓦·时	/	产量
3	上网电量	日实际	万千瓦·时	/	产量
4	月发电量	月实际	万千瓦·时	/	产量
5	运行小时	日实际	小时	/	可靠性
6	运行小时	月度实际	小时	/	可靠性
7	月发电量计划	月度计划	万千瓦·时	/	产量
8	年发电量计划	年度计划	万千瓦·时	/	产量
9	发电标煤耗量	月度实际	吨	发电标煤耗量 = 耗用标煤量 − 供热标煤耗量	能耗
10	发电耗水量	月度实际	吨	/	能耗
11	耗油量	月度实际	吨	/	能耗
12	耗煤量	日实际	吨	/	燃料
13	生产厂用电量	日实际	万千瓦·时	/	能耗
14	生产厂用电率	月度实际	%	生产厂用电率 = 生产厂用电量 ÷ 发电量 × 100	能耗
15	安全生产天数	日实际	天	/	安全
16	设备故障次数	月度实际	次	/	安全
17	设备安全事故	月度实际	次	/	安全
18	人身安全事故	月度实际	次	/	安全
19	人身事故死亡	月度实际	次	/	安全
20	非计划停机	月度实际	次	/	安全
21	非计划停机小时	月度实际	小时	/	安全
22	SO_2 排放浓度	日实际	毫克/标立方米	/	环保
23	NO_x 排放浓度	日实际	毫克/标立方米	/	环保
24	烟尘排放浓度	日实际	毫克/标立方米	/	环保
25	空气指数	日实际	/	/	环保
安全环保监控					
26	脱硫设施投运率	月度实际	%	/	环保
27	脱硝设施投运率	月度实际	%	/	环保
28	烟尘设施投运率	月度实际	%	/	环保

续表

序号	指标名称	指标说明	计量单位	业务逻辑描述	专业
29	脱硫效率	月度实际	%	/	环保
30	脱硝效率	月度实际	%	/	环保
31	除尘效率	月度实际	%	/	环保
32	SO_2 排放量	日实际	吨	/	环保
33	NO_x 排放量	日实际	吨	/	环保
34	烟尘排放量	日实际	吨	/	环保
35	废水水耗	月度实际	千克/(千瓦·时)	废水排放量、发电量	环保
36	悬浮物排放浓度	月度实际	毫克/升	悬浮物排放量、废水排放量	环保
37	COD 排放浓度	月度实际	毫克/升	COD 排放量、废水排放量	环保
\multicolumn{6}{c}{环保统计}
38	SO_2 排放量	日实际	吨	/	环保
39	NO_x 排放量	日实际	吨	/	环保
40	烟尘排放量	日实际	吨	/	环保
41	脱硫设施投运率	月度实际	%	/	环保
42	脱硫效率	月度实际	%	/	环保
43	除尘效率	月度实际	%	/	环保
44	各厂环保指标小时超标次数	日实际	次	/	环保
\multicolumn{6}{c}{安全}
45	设备故障次数	月度实际	次	/	安全
46	设备安全事故	月度实际	次	/	安全
47	人身安全事故	月度实际	次	/	安全
48	人身事故死亡	月度实际	次	/	安全
49	安全生产天数	日实际	天	/	安全
\multicolumn{6}{c}{固体废弃物利用}
50	粉煤灰产量	月度实际	万吨	/	环保
51	炉渣	月度实际	万吨	/	环保
52	石膏量	月度实际	万吨	/	环保
53	粉煤灰利用率	月度实际	%	/	环保
54	炉渣利用率	月度实际	%	/	环保
55	石膏量利用率	月度实际	%	/	环保

安全环保监测主要信息如下。

1. 安全信息

（1）展示区域公司安全目标、安全公告、安全组织机构、连续安全天数。

（2）监测应急演练、应急计划、应急预案、应急物资信息；监测区域风险管理信息、区域隐患管理信息、区域重要事件信息、区域承包商信息。

（3）监测反违章信息、重大操作到岗到位信息；展示安全培训信息。

2. 环保信息

（1）展示实时和历史上污染物（如 SO_2、NOx、烟尘）达标排放情况。

（2）展示历史上污染物（如 SO_2、NOx、烟尘）总量排放情况。

（3）统计对超标时长、超标电量、扣减及处罚金额的情况。

（4）对超标排放情况进行分析。主要用于烟温过低导致脱硝退出、机组启停机阶段环保设施运行不正常等异常情况导致环保超标排放等问题的处理，以提高考核结果的准确性。

（5）实现机组污染物超标排放和投运率的值班报警和短信报警。

（6）监控排放污染物的总量、监控排放污染物总量的地域范围、监控排放污染物的时间跨度。根据企业的生产任务完成情况和总量目标，环保在线监测将各电厂的排放总量控制到每天，将当日生产情况、计划排放量和实际排放量对比监控、分析预警，确保企业总量减排目标顺利完成。

（7）环保设备运行监督。通过组态画面的形式，直观展现各类环保设施的工艺流程及核心设备的运行参数。实现脱硫、脱硝、除尘、污水处理等环保设施运行情况的远程监督和管理。展现污染物治理设施的投运率、设备效率等指标，为核算减排量提供数据基础。

（8）环保数据传输监控。数据的稳定传输、准确传输是实现在线监测的基础，设定数据传输率、数据有效率、传输有效率等考核性指标，并根据相关标准对数据的有效性做出判定。应具备实时监控数据传输状态的功能，一旦发生异常传输现象，将立刻报警，同时以手机短信等形式通知相关人员，及时排除异常情况。

（六）燃料供应监控

区域公司燃料供应监控主要从燃料全价值链管理的角度，展示区域燃料的整体信息，实现区域燃料的全过程管控。可以以地图的形式展示区域公司煤炭线路、煤炭生产等信息，接入火车、汽车、轮船的实时定位信息，实现在途跟踪、运输过程跟踪；实现各种信息的汇总及分析，包括燃料价格分析、安全库存分析、耗存煤分析、采购计划完成分析、重点合同兑现分析、入厂煤质分析、入炉煤质分析、入厂入炉煤热值差、入厂采购标煤单价分析、供煤结构分析、市场采购煤价格分析等；展示区域燃料存储信息及日、月、年耗用信息。区域公司燃料供应监控主要包含以下指标，如表5-3所示。

表 5-3 燃料供应监控主要指标

序号	指标名称	指标说明	计量单位	业务逻辑描述	专业
主要指标					
1	日发电量	日实际	万千瓦·时	/	产量
2	上网电量	日实际	万千瓦·时	/	产量
3	月发电量	月度实际	万千瓦·时	/	产量
4	年发电量	年实际	万千瓦·时	/	产量
5	负荷率	日实际	%	负荷率 = 发电量 ÷（额定装机容量 × 运行小时）× 100%	运行
6	利用小时	月度实际	小时	利用小时 =（发电量 − 试运电量）÷ 平均装机容量	运行
7	生产厂用电量	日实际	万千瓦·时		能耗
8	生产厂用电率	月度实际	%	生产厂用电率 = 生产厂用电量 ÷ 发电量 × 100	能耗
9	发电标煤耗量	月度实际	吨	发电标煤耗量 = 耗用标煤量 − 供热标煤耗量	能耗
10	生产供电煤耗	月度实际	克/(千瓦·时)	生产供电煤耗 = 发电耗用标煤量 ÷（发电量 − 生产厂用电量）× 1000000	能耗
11	发电耗水量	月度实际	吨	/	能耗
12	入厂煤热值	月度实际	兆焦/千克	/	燃料
13	入炉煤热值	月度实际	兆焦/千克	/	燃料
燃料进耗存					
14	存煤量	日实际	吨	/	燃料
15	耗煤量	日实际	吨	/	燃料
16	进煤量	日实际	吨	/	燃料

续表

序号	指标名称	指标说明	计量单位	业务逻辑描述	专业
标煤单价					
17	采购标煤单价	日实际	元/吨	/	燃料
18	采购标煤单价	月度实际	元/吨	/	燃料
热值差					
19	热值差	月度实际	兆焦/千克	热值差 = 入厂热值 – 入炉热值	燃料
存煤天数					
20	库存燃煤可用天数（存煤天数）	日实际	天	库存燃煤可用天数 = 库存量 ÷（装机容量 × 24 小时 × 综合供电煤耗）× 0.85	燃料

燃料供应监控主要信息如下。

1. 计划信息

计划信息包括燃料供需计划、运输计划、到货情况汇总。

业务关键信息：计划发电量、库存煤量、采购煤量、订货量、合同价格、发站、到站、煤种、计划运输量、到货量、到货率。

2. 合同信息

合同信息包括煤炭合同、燃油合同、运输合同，合同执行跟踪、合同履约进度跟踪及合同的查询和执行情况，合同类型、状态、时间，提供合同的查询和明细查看。

业务关键信息：供应商名称、代码、地区、矿别、煤种、预计热值等；合同编号、合同名称、签订时间、供货方式、供应商、结算方式、发站、到站、结算条款等。

3. 调运信息

调运信息包括长期供货跟踪、电厂库存变动、收耗存状况、来煤通知单、入场煤卸车作业单、卸车作业单、核对大票、核对供应商、派运单。

火车调运业务关键信息：来煤通知单、卸车作业单、卸车专用线、发站、开卸时间、矿别、车号、吨数、备注、对车时间（进厂时间）、发站日期、单号（编号）、车别、煤种等。

汽车调运业务关键信息：运单日期、车队名称、矿别及车号等。

4. 计量信息

计量信息包括火车煤计量、火车过衡单、汽车过衡单、汽车来煤日志、汽车来煤批次、来油计量、来油过泵单。

火车来煤计量业务关键信息：发货站、发货人、称量日期、序号、车号、票重、皮重、矿代号、煤种、毛重、路损、净重、盈亏、速度。

汽车来煤计量业务关键信息：汽车过衡单、来煤日志、矿别、数量等。

来油计量业务关键信息：运输方式、供货单位、毛重、皮重、净重、来油时间等。

5. 采样制样信息

采样制样信息包括采样信息、煤样标签、制样、化验标签、加密信息、采制样台账。

该业务关键信息：每节车厢的采样点号、电子签名、子样数、子样重量、备注内容；入厂时间、煤种、发站日期、取样时间等；采样人、制样人、取样人、监督人、人工采样吨数、机械采样吨数等。

6. 化验信息

化验信息包括入厂煤化验管理、入炉煤化验单、入炉煤化验、燃油化验单、热值差统计。

该业务关键信息：化验日期、化验编号、制样人员、全水分 Mt（%）、一般分析煤样水分 Mad（%）、收到基灰分 Aar（%）、一般分析煤样灰分 Aad（%）、干燥基灰分 Ad（%）、一般分析煤样挥发分 Vad（%）、干燥无灰基挥发分 $Vdaf$（%）等。

7. 库存信息

库存信息包括煤存管理、盘煤报告、油存管理、盘油报告、油收耗存整体报告。

该业务关键信息：煤存管理、燃煤体积、水分差调整、入炉煤计量调整、煤场损耗、煤场盈亏、盘点数量、账面数量、燃煤比重、所属年月、调整后本月存煤、月初存、月来煤、运存损、来煤盈吨、发电耗煤、供热耗煤、非生产用煤、调出量。

8. 结算信息

结算信息包括预付款进度跟踪、付款进度跟踪、结算进度跟踪、煤款结算、油款结算、运费结算。

该业务关键信息：发货站、发货人、称量日期、序号、车号、票重、皮重、矿代号、煤种、毛重、路损、净重、盈亏、速度、化验数据全水分、空气干燥基水分、空气干燥基灰分、挥发分、固定碳、弹筒发热量、低位发热量、全硫、飞灰可燃物、来油数量、合同计价条款、运费等。

（七）现场视频监控

通过对各厂监控画面的接入，随时掌握各厂实时视频情况，对各厂相同区域监视画面的对比视频等进行监控。

利用计算机视觉与人工智能技术，建立图像与事件描述之间的映射关系，分辨、识别关键目标物体，借助计算机的数据处理能力过滤图像中无用的或干扰信息，自动分析、抽取视频源中的有用信息，对电厂监控区域进行实时智能监控。

重点安全区域视频监控范围如下。

1. 重点防火区域

（1）油罐区（包括燃油库、绝缘油库、透平油库）、封闭煤场、制氢站、供氢站、发电机、汽轮机油系统、锅炉燃油系统、脱硫系统、制粉系统、湿除系统、输煤皮带、电缆间，以及电缆通道、调度室、控制室、集控室、计算机房、通信机房、综合管架。

（2）电子设备间、铅酸蓄电池室、天然气调压站、氨区、档案室、油处理室、危化品库房等易燃易爆物品存放场所。

（3）发生火灾可能严重危及人身、电力设备和电网安全，以及对消防安全有重大影响的区域。

2. 主要设备区域

主要设备区域包含汽机、锅炉、发电机、三大风机、给水泵、循环泵、脱硝、脱硫、水处理等。

3. 特殊作业区域

特殊作业主要包含动火、有限空间、盲板抽堵、高处作业、吊装、临时用电、动土、断路等，对操作者本人、他人，以及周围建筑物、设备、设施的安全可能造成危害，上述作业区域应重点监控。

二、生产指挥

生产指挥是生产指挥系统的大脑，是生产过程中决策产生、命令下达、对外联络协调、综合情况汇总的系统中枢，生产指挥可强化公司安全生产调度管理，充分发挥生产过程管控、机组运行状态监测、安全生产监测监控、生产信息汇总发布及生产安全应急职能，提升公司应急应变和风险预控能力。

（一）生产指挥的主要信息

1. 生产运营管控

生产运营管控主要对重点生产运营环节进行监测监控，平衡、协调、解决生产运营中的各种问题，开展日常及阶段性统计、分析、总结等。

2. 生产调度管控

生产调度管控主要实现集团总调度室各类生产通知、通报的下发与传达，如表 5-4 所示。

（1）支持按周、月、年进行查询。

（2）查询各电厂所有机组的运行状态、启动时间、累计运行小时数、累计运行天数。

（3）查询停备、检修机组情况，包括电厂名称、机组号、停机时间、停机类别、累计停运天数。

表 5-4 机组运行情况统计

序号	报表名称	报表内容说明
1	机组运行情况统计	电厂名称、机组号、状态、启动时间、运行小时数、运行天数
2	机组停运情况统计	电厂名称、机组号、状态、停机时间、检修类别、停运天数

（二）异常报警

异常报警是在生产监控的基础上，实现重要参数或指标的阈值报警、大数据分析智能报警，主要监控重大事故（机组非停）、重要信息报警（机组启停等）、关键要素（环保排放超标）等的报警。对异常报警情况和事件信息可以主动调用、及时推送，按类别推送给监盘人员、管理人员及大屏显示，并进行报警跟踪闭环。

（三）异常处置

针对异常报警及可能引发的问题进行分类、分级管理，通过分类对问题进行记录、管理，对不同类型的问题智能生成对应的解决方案和分析报告。通过生产监控发现问题后，根据预设的问题分类进行重大问题筛选，重大问题需要关键岗位人员进行确认。可根据大数据对问题进行初步分析，自动生成问题分析报告及处理方案，根据岗位进行推送。对所有异常问题的处理，实现可追溯、可跟踪督办。

（四）会商管理

针对需要协同处理的问题，实现不同部门之间的横向协同、上下级管理之间的纵向协同。会商主题及相关内容可以在会商中随时调阅、共享。对在会商处理中形成的处理意见、需外部协调的事项及相关附件进行归档、备案。

三、应急处置

（一）应急值班管理

实行24小时应急值班制度，制定公司月度应急值班轮值表；值班人员将值班期间发现的问题和问题处置情况记入值班日志，并做好工作交接，保证工作的连续性；接到来电，认真受理，妥善处置，做好电话记录，及时汇报值班公司领导。

（二）应急预案管理

公司针对突发事件，自下而上逐级编制应急预案，至少每三年修订一次，经专家评审通过后，按规定报地方政府和上级公司备案。

应急预案管理主要包括应急预案的编制、评审、发布、备案、演练、评估、修订、培训等，确保应急预案科学管理和有效实施。

应急预案分为综合应急预案、专项应急预案和现场处置方案。对应急预案必须进行推演和评审。对突发事件危害程度大、影响范围广、应急处置复杂的，还应当组织外部评审，邀请政府相关部门及系统外专家参与。应急预案主要内容包括以下几方面。

（1）总则：说明预案编制的目的、编制依据、适用范围及应急工作原则等。

（2）风险分析：根据存在的危险、危害种类，分析突发事件发生的可能性、严重程度、影响范围及可能造成的后果。

（3）组织机构及职责：应急组织机构的形式及组成，明确相关部门、人员和各专业小组的工作职责。

（4）预警及信息报告：明确预警的条件和方式，规范向上级单位和地方政府报告信息的流程、内容和时限。

（5）应急响应：对突发事件应急响应进行分级，明确应急预案的启动条件、程序和应急处置措施。

（6）信息发布：明确向有关新闻媒体、社会公众通报事故信息的部门、程序及通报原则。

（7）后期处置：应急响应结束后，应组织实施的恢复措施和各项善后工作等。

（8）保障措施：应急救援力量、技术保障措施、应急物资和应急设施场所等。

（9）培训演练：说明该预案的培训和演练要求，明确演练形式、演练范围、演练频次等。

（10）预案管理：明确预案发布程序、发放对象、实施时间、负责制定和解释的部门等。

（三）应急培训与演练

应急办公室负责制订年度应急培训计划，组织开展应急教育培训，对各级各类应急指挥人员、技术人员、管理人员、应急队伍和一线员工进行应急培训。

公司应急办公室结合实际情况制订年度应急演练计划，按照相关应急预案演练要求，部署应急预案的演练，至少开展一次应急演练。

应急办公室及各部门在应急演练结束后，应对演练情况进行评估和总结，针对应急演练中暴露出的问题制订相应的整改措施。

（四）应急保障

公司应将应急体系建设所需的资金纳入年度资金预算，以适应应急队伍、装备、交通、物资储备等方面建设与更新维护资金的要求，保证抢险救灾、事故恢复及灾后重建所需的资金投入。

应急物资采购计划及审批路程在 ERP 系统进行操作，应明确物资名称、规格型号、数量、预计金额、责任部门、需求时间等。

常用的应急物资装备包括以下几方面。

（1）应急设备：柴油发电机、潜水泵、卫星电话、广播器材、扩音器、应急照明系统、运载车辆、消防设备、正压式呼吸器等。

（2）应急物资：消防沙箱、沙袋、黏土袋、铁锹、箩筐、潜水泵、平板小车、救生衣、便携式多功能强光灯等。

（五）监测与预警

1. 监测

配置监测系统和设备设施，定期进行检测、检验和维护，建立健全安全生产动态监控及预警预报体系，包括以下几方面。

（1）建立自动化监测预警系统，涵盖重大危险源、高风险区域、关键基础设施和重要防护目标等。

（2）对暂时无法实现自动化监测预警的重大危险源、危险物质、生态环保和自然灾害隐患等，应制定相关工作制度，定期开展人工监测。

2. 预警

生产实时监测系统的预警、报警信息可以为预防突发事件提供数据参考，减少突发事件的产生。

接到或发布预警信息后，相关单位进入相应突发事件预警期。根据突发事件特点和可能造成的危害，预警期内可采取以下一项或多项措施。

（1）启动相应应急预案。

（2）应急救援队伍、负有特定职责的人员进入待命状态，动员后备人员做好参加应急救援和处置工作的准备。

（3）调集应急救援所需物资装备，准备应急设施和避难场所，确保其处于良好状态，随时可投入使用。

（4）加强对重要设备、重要设施的巡视检查。

（5）转移、疏散或撤离相关人员和重要财产。

（6）关闭或者限制使用易受突发事件危害的场所，控制或者限制易导致危害扩大的生产经营活动。

（7）其他必要的防范性、保护性措施。

（六）应急响应与处置

对险情或事故做到早发现、早报告、早研判、早处置、早解决。

突发事件分级：分重大（Ⅰ级）、较大（Ⅱ级）和一般（Ⅲ级）三级，根据突发事件的严重程度和影响范围，制定突发事件具体分级响应标准，并在相关应急预案中予以明确。

下列情况应启动集团公司总部级应急响应。

（1）造成 10 人及以上死亡或失踪、50 人及以上重伤或中毒、直接经济损失达 5000 万元及以上的重特大事故。

（2）造成重大环境污染、人员大量疏散的重特大突发环境事件。

（3）超出所属企业应急处置能力，需要集团公司层面协调处置，或集团总部认为有必要直接响应的事故。

较大突发事件由公司组织响应，一般突发事件由各单位组织响应。

（七）应急信息报送

生产经营活动场所中的任何人发现事故（险情）后，应立即拨打应急值守办公室电话，报告发现事故（险情）初步情况。事故报告主要包括以下内容。

（1）事故的概况。

（2）事故发生的时间、地点及现场情况。

（3）事故的简要经过。

（4）事故已经造成或者可能造成的伤亡人数（包括下落不明的人数）和初步估计的直接经济损失。

（5）已经采取的措施。

（6）其他应当报告的情况。

第二节　安全环保监控中心

一、安健环管控

安健环管控，即结合基建和运营电站的安健环工作特点，就基建和电站安全生产过程中的本安制度、承包商、外包项目、风险预控、应急管理、安全监察、隐患管理、事件管理、特种设备、危险物品、职业健康等信息进行全面管理，从而形成落实风险预控体系的载体，对实际业务的安全风险进行有效控制。

安健环管控将由以事件管理为核心向以风险管控为核心转变，在安全管理的前期启动预测式管理模式，达到领导放心、员工安心的效果。基于风险管控的本安体系，以危险源辨识、风险评估为基础，以全员参与、PDCA 为机制，以均衡、量化、系统、持续为四大管理特征，分为事前、事中、事后三个管理阶段，实现风险可辨识、可评估与可控制。

（一）环保管理

环保管理明确环境保护工作的范围和程序，防止和减少生产经营活动中对环境造成的不利影响，控制污染物和废弃物排放，降低环境影响，构建环保监督监察、环保综合管理、环保在线监测、环保离线监测、环保报表等业务体系。

环保管理的管理职责和主要内容如下。

（1）采集电厂机组环保排放相关实时数据，实现对环保指标的实时监测与监控报警。

（2）对各厂发生的环保事件进行统计、分析、上报。监控机组环保排放参数与指标，NOx、SO_2、烟尘浓度等环保数据折算后按照环保局文件要求进行统计和考核。

（3）收集、审核、上报各厂环保的设备、风险、隐患、规范制度变化评估报告。

（4）收集、审核、上报各厂固废排放情况，并对各厂固废排放情况进行对标管理。

（二）安全监察

安全监察是指针对安全生产可能存在的隐患和危险因素进行查证，确定其存在状态和转化为事故的条件，制定整改措施，消除隐患和危险因素的工作方法。监察内容主要包括贯彻国家安全生产法律法规的情况、安全生产状况、劳动条件、事故隐患等。

（1）安全监察：监察书面安全工作程序执行情况；高风险作业实施三级安全监察；部门和班组监察；对工器具（便携式电器设备、手持工器具、漏电保护器）的日常检查情况进行监察；对消防工作（火险管理、动火工作许可）的执行情况进行监察；对个人防护用品的发放和使用情况进行监察；每年按要求进行检查、评价并上报；组织职能范围内（专业）的专项安全检查，出具安全监察评估报告。

（2）编制安全管理体系运转有效性、综合性及职能范围内（专业）专项安全检查方案。

（3）依据有关安全生产法律法规、规程制度，以及安全风险预控体系要求，编制安全检查表，明确项目内容、标准要求。

（4）组织汇总和分析安全检查中发现的问题，提出整改要求，监督问题的闭环管理。

（5）指导、监督和考核各单位安全生产检查工作的开展情况。

（6）组织编写综合性及职能范围内（专业）专项安全检查工作总结，并通报检查情况。

（7）负责汇总和分析体系有效性审核结果，形成整改方案，并向公司安全生产委员会汇报。

（8）通过现场监察、视频监察、数据分析发现问题，统计分析监察数据。

（三）风险评估

风险评估管理包括风险信息收集与处理、风险评估方法选定、风险辨识与评估、风险过程控制、高风险作业管控等关键业务，辨识安全、健康、环保风险，找出导致风险产生的各种因素，并对其进行有效管控。

（1）实现对风险库检索查询，基于权限的增删改查手册；对各类风险进行分类展现；展示风险处理情况、风险预控业务流程和相关审批流程；展示风险预控数据分析情况。

（2）能够检索查询高风险作业库中、高风险；高风险作业按规定时间提前上报内容。

（3）能够进行远程高风险作业监控，把高风险作业监控视频上传公司；进行高风险作业日、月、年度分类统计；实现高风险作业可追溯，可调取、查看高风险作业的相关文档。

（4）通过缺陷、工作票等与设备的勾稽关系发现风险较大的作业，并进行预警或报警。

(四) 高风险作业

(1) 对高风险作业实时监控：作业区域安装 AI 摄像头，实时监控各厂高风险作业情况，对智能发现的违章问题进行报警，对人工监控发现的问题以语音或文字形式录入系统，自动推送至电厂进行整改；整改情况上报确认；实时显示当前高风险作业数量和内容；把与高风险作业项目相关的资料按照制度要求提前上传；实时统计高风险作业违章数量、地点、人员，提供报警，同时联动视频监控进行监察。所有违章分级报警可按需要设置，自动推送至各级领导。

(2) 作业人员评估：系统建立高风险作业人员与三级安全教育水平和考试成绩、历史违章行为的关联，设定规则自动评定人员安全风险等级。系统按设定分级智能提醒各级管理人员和领导。

(3) 统计分析：一是对高风险作业按照电厂、作业类型进行统计，统计周期为日、周、月、季、年，包括同比、环比。二是对同类型、同专业、同机组的高风险作业可筛选环比对比，电厂之间可进行对比分析。对高风险作业较多的单位进行安全告警，频繁发生高风险作业的单位应上报原因及采取有针对性的安全措施。三是对电厂高风险作业人员到岗到位执行情况进行统计，对到岗到位执行较差的单位进行监督或提醒；归档分析结果，检索查询。

(4) 高风险作业数据库：各电厂按照高风险作业制度，建立高风险作业数据库，系统自动识别添加的功能（办理某项高风险作业工作票后，自动对比数据库，如果数据库中无此项，则进行添加）。

(5) 高风险作业工作计划：按周、月上报计划。

(6) 可根据历史数据分析得出公司标准高风险作业数量、作业人数基准，针对当前实时超出高风险作业数量及人数基准的情况进行风险预警和专项分析，由省公司专责提报分析结论。如果涉及相关问题，省公司专责可下发安全督办单至电厂，电厂则说明频繁高风险作业的原因及采取针对性的安全措施，并反馈至省公司归档。

(7) 高风险作业追溯：可调取、查看高风险作业相关文档。

(五) 隐患管理

隐患管理按照"五级六步"的原则落实治理工作。五级责任：岗位、班组、专业、部门和单位五级岗位的责任落实。六步闭环：明确"排查—评估—报告—治理（控制）—验收—核销"的闭环管理流程。隐患管控明确责任主体、落实职责分工，实行分级分类管理。

（1）对现有隐患的统计表进行分类统计查询。

（2）通过缺陷、工作票等与设备的勾稽关系发现未及时上报的隐患，供管理人员进行检查甄别。

（3）定期工作预警、报警；进行隐患预案和治理方案目录及检索查看。

（4）展示业务流程和岗位职责。

（5）显示隐患数据统计分析情况。

（六）危险品管理

危险品管理包含危险化学品、易燃气体、液体防爆、特种设备管理。

（1）建立危险品登记记录单和危险品的检察、储存、使用、运输、保养、废弃处置、技术文档台账。

（2）针对检测、检验、维护、保养，设定定期检查、安全评价的时间周期及安全监测、安全事件的预警和报警。

（3）可视化展示危险源分析统计结果。

（4）可查看各单位重大危险源统计表和地理分布图。

（5）危险源安全评价、备案、操作人员的资质及培训情况。

（七）反违章管理

违章是指在生产过程中，违反国家、行业、控股股东、公司及本单位颁发的有关安全生产的法规、规程标准、规章制度、反事故措施和安全管理要求等一切不安全行为和状态。反违章是指通过管理性手段控制、消除违章行为和状态的工作。

（1）违章录入。

（2）违章的分类统计查询。

（3）班组安全生产承载力、管辖范围内各类违章定期统计的分析整改情况。

（4）通过缺陷、工作票、AI监控等手段发现现场违章行为。

（5）违章报告的自动生成。

（6）业务流程和岗位职责展示。

（7）违章数据统计分析情况。

（8）考核评价情况。

（八）事件管理

事件管理是为了有效发现风险、控制缺陷，通过对事件的调查分析与处理，采取针对性措施消除和控制风险，落实生产安全责任。

（1）建立事件发生的统计表，对每日收集未遂和异常事件、事故、一类障碍、二类障碍进行分析统计。

（2）对新发生的事件进行预警、报警管理。

（3）展现事件业务管理流程。

（4）具有事件分析报告检索查询功能。

（5）可视化展示相关数据的统计分析结果。

（九）安全培训

安全培训是指以提高本单位从事发电安全生产工作各级人员的安全素质为目的教育培训活动。未经安全培训合格的从业人员，不得上岗作业。

基于培训考试平台，进行场内安全管理和承包商作业人员的培训管理。重点包括：安全培训计划上传和基于权限的增删改查；培训题库、考试题库、在线考试、培训考试评价、培训记录（培训记录与人员和项目相关联）、培训总结；培训报表；安全人员库管理；可视化展示相关培训数据的统计分析结果。

（十）承包商管理

承包商管理是为了在项目建设与设备制造过程中，从人力、物力资源的有效投入到产品的输出来实现其相应的收益。通过对承包商的资质、人员、作业过程、质量的综合管控，保证承包的工程项目或设备制造在进度与质量上达到委托合同规定的要求。

承包商管理要实现从准入资质审查、教育培训、现场施工到业绩评价的全过程管理，实现相关资质到期提醒与控制，支持人员定位等多种方式进行人员查询，及时掌握人员相关信息，现场违章实时上报，支持拍照、视频、人员再教育和黑名单等操作，可提供承包商自主管理，相关基础工作前移，减轻电厂用户的烦琐工作，聚焦承包商现场管控，减少因承包商原因而造成的现场安全事故。

（十一）职业健康管理

职业病是指公司各单位职工在职业活动中，因接触粉尘、噪声、放射性物质和其他有毒、有害因素等而引起的疾病。按照"预防为主、防治结合"的职业病防治原则，实行分类管理、综合治理。各单位应提供符合国家职业健康标准和要求的工作环境和条件，并采取措施保障职工获得职业健康保护。

（1）职业病防治工作的各项制度、标准、计划、规划等。

（2）各单位职业病危害项目申报、危害因素检测、防治效果评价。

（3）职工工伤保险、职业健康监护工作；职业病防治培训、宣传和交流情况。

（4）职业病防治所需的资金投入。

（5）职业病防治相关信息数据的审核、汇总、分析、上报；职业病事故调查处理情况。

（6）建立企业人员职业健康库，具备基于权限的导入及增删改查功能。

（7）能够定期进行工作预警、报警。

（8）对职业健康情况进行可视化统计分析，并自动形成格式化的职业健康报告。

（9）展示相关管理流程及岗位职责。

（十二）消防管理

消防管理要将消防工作纳入企业管理的各个环节，形成上下贯通、多方联动、协调有序、运转高效的消防管理机制，建立训练有素、反应快速、装备齐全、保障有力的企业消防队伍。

（1）建立消防设施、设备管理台账。

（2）建立志愿消防人员台账（包括基本信息和资质、培训等）。

（3）消防隐患和预案管理。

（4）展示各级管理单位人员职责。

（5）对超期工作进行报警。

（6）可视化展示相关数据的统计分析结果。

二、生产管控

生产管控是指以设备全寿命周期管理为主线，以实现设备资产的安全、可靠及高效平衡发展为宗旨，统筹生产执行体系的业务，满足并支持运维及生产管理部门的业务管理要求，在安全生产一体化理念下加强生产全过程的安全管控，提升生产运营管控能力。在确保实现发电生产运行的安全、高效、稳定的前提下，最大限度地达到设备的可靠性、使用效率、使用寿命和全生命周期成本的动态平衡，确保实现设备资产安全、可靠、高效等价值目标，实现资产效能和运营效益的综合最优。

生产管控的业务主要涵盖安全生产信息、设备管理、运行管理、技术监督、非停管理、异动变更、生产准备等方面，重点对生产业务流程关键点进行管控，找出各电厂生产管理过程中存在的问题，协调解决各种生产问题。

（一）生产信息报送与监控

1. 生产信息报送

依据相关规定，明确和规范公司所属各企业的安全生产信息管理标准，并据此实现采集、上报，确保安全生产信息及时、准确、全面，以提升公司的生产管控能力。

安全生产信息报送分级：一级报送、二级报送、三级报送。

（1）一级报送：安全信息十分紧急，须立即汇报公司领导或上级有关部门。

（2）二级报送：安全信息较为紧急，须及时汇报有关部门或公司领导。

（3）三级报送：日常报送的安全生产信息。

2. 生产信息监控

对安全生产信息，按如下主题进行专项监控分析，实现当日、当月的即时监控，异常提醒、统计对比分析。生产信息监控主题主要有设备缺陷、工作票、技术监督、项目管理、运行管理、检修管理、定期工作、两个细则、燃料管理、可靠性管理、设备异动、保护投退、技术改造、防磨防爆、运行绩效。

（二）设备管理

1. 设备台账

（1）设备台账是正确反映、证明检修过程、质量状态的重要技术资料，是关于设备全寿命周期健康状况的完整记录和设备实施状态检修工作不可缺少的重要依据，是全厂生产设备的基础性信息。

（2）台账记录的主要内容包括：设备投产前情况、设备规范、主要附属设备规范、检修经历、重大异常记录、设备异动变更等。所有在役主要设备和主要辅助设备（包括冷、热备用设备）都必须建立设备台账，支持在线查询。

（3）主要设备：锅炉、汽轮机、发电机、热工控制系统、脱硫、脱硝、除尘系统设备、主变压器、220kV及以上断路器等及其附属设备。

（4）主要辅助设备：磨煤机、引风机、送风机、排粉机、一次风机、给水泵、循环水泵、凝结水泵、冷却塔、厂用变、110kV及以下断路器、堆取料机、燃料除灰设备系统、公用系统主要辅机、外围供水系统等。

2. 设备故障预警

（1）主要对生产实时监控的机组参数、主设备和主要辅助设备运行参数进行监控，各参数定值可自行设置，当参数触及报警条件时发出预警信号，便于监控人员及时发现异常，协调发电企业进行检查、处理。

（2）支持各电厂监控设备所属的电厂、机组、设备明细的统计、查询。

（3）支持监控设备的运行状态、停备数量、检修数量统计；支持实时监控重要设备预警记录的查询，可实现以日、周、月、季、年为周期对各电厂、各机组设备预警数量的统计、对比、分析，对报警数量进行排名，查找薄弱环节，有针对性地进行整改或关注。

3. 设备可靠性

（1）电力设备可靠性管理是指建立科学、完善的可靠性管理网络评价和分析体系，通过量化评估的方法，评价设备的制造质量、安装质量、运行质量、检修质量及管理水平，分析和解决设备存在的问题，通过可靠性管理提高企业的安全生产管理水平。

（2）报表管理：实现各电厂月度主机、主要辅机和输变电设施可靠性数据的报送、查询；根据各电厂报送的数据，自动生成公司主机、主要辅机和输变电设施可靠性数据报表；支持各电厂、公司月度、季度、半年、年度可靠性分析报告的报送、查询。

（3）统计分析：实现可靠性指标完成情况分析，非计划停运、降出力事件原因分析，影响设备可靠性的主要原因分析及改进建议，将可靠性指标完成情况与年度目标进行对标。

4. 缺陷管理

（1）设备缺陷管理重在提高设备检修和维护的质量，降低设备缺陷的发生率；提高设备消缺质量，减少设备缺陷的重复发生率，规范缺陷消除工作的管理程序（包括缺陷的录入、消除、验收、评价、分析、预防、控制、统计、考核等），提高设备的可靠性。

（2）缺陷按其影响程度分为一、二、三类、其他，其中一、二、三类缺陷主要指设备性缺陷，其他缺陷主要指非设备性缺陷。

（3）实现对各电厂、各个机组二类以上缺陷的分类统计、查询；在二类以上缺陷彻底消除前发电企业必须制订经生产主管领导批准的技术措施和安全措施并严格落实，技术措施和安全措施须报公司生产技术部（生产指挥中心）备案。

（4）实现各电厂月度、年度缺陷的统计、分析，根据缺陷数量、消缺率进行统计排名；按专业、按设备进行分类统计、分析。

（5）实现对各类缺陷影响因素的统计、分析，按不同原因占比进行展示。

5. 检修管理

（1）加强和规范公司电力设备检修管理工作，提高设备检修质量和机组健康水平，确保机组安全、环保、经济、可靠运行，合理控制生产成本。

（2）设备检修坚持"应修必修、修必修好"的原则，通过检修消除重大隐患和缺陷，恢复和改善设备性能，延长设备的使用寿命。

（3）检修管理主要包括检修计划、检修准备、现场安全和质量及进度控制、检修外包项目管理、检修评价和考核等。

（4）检修计划：检修计划包括机组名称、上次 A\B\C 级检修竣工时间、机组累计等效运行时间、计划检修开始时间、结束日期、重点项目和需解决的隐患、缺陷等，支持各电厂年度检修计划的查询。

（5）支持机组检修计划变更单的查询、统计。

（6）实现检修开工报告单、检修竣工报告单的审核、报送、查询。

（7）实现月度机组检修实施情况的报送、查询。

（8）检修总结：支持对各种等级检修总结的查询；支持对检修项目、进度、费用完成情况的统计、分析。

（9）统计分析：支持对每月机组检修实施情况、下月检修计划等的统计、查询。

6. 技术改造

（1）技术改造项目。主要指保障人身、设备和电力系统安全所必需的更新改造，包括提高机组安全性能的项目、满足国家和地方法规要求的节能减排等升级改造项目、完善生产设备设施项目和生产型零星购置项目等。

（2）支持公司年度技改项目计划的报送、审核及各电厂一般技改项目、较大项目、重大项目的查询、数量统计；较大及以上技改项目可研报告的报送、查询；支持以上技改项目竣工报告的报送、查询。

（3）支持各类技改项目总数量、立项审批、已开工、已完工的统计、汇总。

（4）支持技改项目月度投资计划完成情况和重大技改项目进展情况的统计、分析，对投资进度和项目进度滞后于计划较多的分析原因、制定措施。

（5）支持月度、年度技改投资完成率、重大项目完成率的统计、分析与展示。

7. 设备定期工作

（1）设备定期工作包括定期清理、定期校验、定期保养、定期润滑等，定期工作的编制要求按类别分专业进行编制，包括具体项目、周期、内容和方法。

（2）实现对各电厂定期工作计划数量、完成数量、异常数量、完成率的统计、分析，每月进行排名、展示。

8. 两个《细则》

（1）两个《细则》是指《西北区域并网发电厂辅助服务管理实施细则》和《西北区域发电厂并网运行管理实施细则》。

（2）实时深度调峰交易是指火电厂开机机组通过调减出力，使火电机组平均负荷率小于有偿调峰基准时提供服务的交易。火电机组提供实时深度调峰服务，须按照电力调度机构的指令，满足一定调节速率要求，随时平滑、稳定地调整机组出力。实时深度调峰交易的购买方是风电、光伏及出力未减到有偿调峰基准的火电机组。

（3）实现每月两个《细则》统计分析报告的报送、汇总、查询；支持每个电厂不同月份考核、补偿、月度盈利、月补偿电量、月补偿金额的统计、对比；支持同一时期不同电厂月度盈利、月度补偿电量、补偿金额的对比、对标；支持公司不同月份盈利和补偿金额的对比、展示。

9. 节能管理

（1）节能管理目的：全面加强公司电力产业节能管理工作，提升节能管理水平，提高节约意识，促进节能管理的制度化、标准化和规范化。

（2）节能指标：主要实现公司和各电厂月度、年度节能指标完成情况统计，可与不同月份的指标情况进行对比，查找变化趋势和原因；可对不同电厂指标完成情况进行对比、展示。

（3）耗差分析：包括综合经济技术指标、运行小指标、入炉煤指标，实现各电厂月度耗差统计、分析、查询，掌握各指标变化趋势和原因，提出有针对性的意见和措施。

10. 连锁保护投退

（1）明确各单位的连锁保护投退的管理程序和要求，使自动装置出现故障和异常时能确保发电机组和设备的正常运行。重要设备是指那些一旦出现故障，将会对设备本身及人身安全、健康、环保、经济效益、电网等产生重大影响的设备，如出现人员伤亡、设备损坏、污染环境、机组停运或降出力等。重要保护是指为重要设备配置的保护、连锁、信号、自动装置，使重要设备发生异常时及时告警或切除重要设备。一般保护是指重要保护之外的其他保护。

（2）实现各电厂月度保护连锁投退记录和数量的统计、对比；自动生成公司月度保护投退数量统计表，与不同时期进行比较，重点监控主机和重要辅机连锁保护投退情况。

11. 设备运行定期试验和轮换

（1）明确各单位的设备运行定期试验和轮换管理标准，使机组保护、自动、连锁、备用设备、阀门等设备系统正常发挥作用，保证设备的正常使用和运行设备的安全、可靠、环保运行。

（2）定期试验是指运行设备或备用设备进行动态或静态启动。

（3）定期轮换是指将运行设备与备用设备进行轮换运行的方式。

（4）对设备定期试验与轮换情况进行监控，按月度进行各电厂定期工作完成情况的统计、对比，统计不合格情况并跟踪监控消除、验收情况。

12. 非停管理

（1）非停管理的目的：强化公司火电企业安全生产、可靠运行，规范机组非计划停运管理，减少非停次数，提高设备安全保障能力，确保长周期稳定运行。严控机组非停是火电企业安全生产管理的重要工作，重在加强专业技术管理、检修质量管理、运行管理、隐患管理，提高安全生产管控能力，争取实现"零非停"。

（2）机组非计划停运：是指机组处于不可用却非计划停运的状态。

（3）重复性非停：是指一定时期内，由于相同的直接原因（人的不安全行为或物的不安全状态）导致机组非停事件再次发生。

（4）凡是非停都要开展统计分析，都要制定防范措施，都要进行通报，都要进行严格考核。

（5）实现各电厂非停事件快报的报送，对各电厂非停事件进行汇总、统计。

（6）实现各电厂非停事件统计报告和分析报告的报送、统计。

（7）支持按月、按专业查询每月、每年的非停事件。按月统计时，可实现所有月份非停次数的对比，与往年同期进行比较、展示。按专业统计时，可支持不同专业非停次数的占比统计、展示。

13. 异动变更

异动变更是指对生产设备或系统的设计结构、性能、参数、连接方式等进行更改的工作。异动分为暂时异动、紧急异动、永久异动，可对异动进行月、年异动数量查询、统计。

（1）暂时异动是指在有限及特定时间段内的有效异动，一般包括异动发起、审查和批准、实施、异动结束、系统恢复过程。

（2）紧急异动是指必须立即执行以降低（安、健、环）风险的一种（临时）异动。所需程序简单，但仍需进行基本风险评估，一般包括异动发起、审查和批准、实施、异动结束、系统恢复过程。

（3）永久异动是指任何非暂时性的异动，一般包括四个阶段，即异动发起、审查和批准、实施、结束与后续评审过程。

（4）支持暂时异动恢复情况的统计、分析，包括当月异动数量、已恢复数量、年累计数量、年累计未恢复数量等。

（5）支持对异动原因、数量进行多种维度的分析、对比。

14. 技术监督

（1）技术监督的目的：及时发现基建、生产单位运营过程中的设备问题，消除隐患，根据国家、行业有关技术监督专业标准、规程，通过有效的测试和管理手段，对设备的健康水平及与安全、质量、经济运行有关的重要参数、性能、指标进行检测与控制，保证机组安全可靠运行。

（2）火电技术监督包括电能质量、绝缘、电测、继电保护及安全自动装置、发电机励磁系统、节能、环保、金属、化学、热工、汽（水）轮机、锅炉、燃料、建（构）筑物、风机、水泵、生产监控系统防护等17项，对各项技术监督工作进行监督、管理，监督各责任单位完成对各类告警项目的闭环整改。

（3）实现技术监督年度计划的审核、报送、汇总，公司管理部门根据年度计划，跟踪各电厂月度技术监督执行情况，收集技术监督月报、季报等，各电厂持续开展技术监督半年、年度总结。

（4）技术监督告警分一般告警和严重告警，系统支持告警通知单的建立、审批、下达，各电厂根据告警单制订整改计划，将整改结果反馈给公司，进行整改闭环。可查询一定周期内的告警通知单、告警验收单，进行各电厂告警单和验收单的统计、分析、对比。

15. 生产准备

（1）新建（扩）建项目的生产准备期一般从项目单位成立开始，到机组火电（168 小时）、水电（72+24 小时）、风电（240 小时）、太阳能（360 小时）试运行完成后结束。生产准备总的要求是：按照生产基建一体化要求，生产准备与项目工程建设协调推进，组织体系健全，管理体系畅通，标准体系完备，确保新投产机组实现安全、环保、稳定、经济运行。

（2）生产准备的主要工作内容：建立组织机构，配置生产人员，开展人员培训和定岗，编制规章制度、标准和规程，生产物资准备，机组试运、验收和移交管理，发电机组运营及建立生产管理信息系统等。

（3）支持查看生产准备项目的领导组织机构和人员信息、职责。

（4）支持生产准备规划大纲、工作规划和里程碑节点计划的报送、查询。

（5）支持不同机组里程碑节点计划完成情况的统计、展示。

第三节　在线经营管控中心

在线经营管控中心旨在实现区域公司（二级公司）战略、计划、预算、分析、绩效等多部门、多层级的协同联动和闭环管理，提供整体与多维度的经营管理视角，推动区域公司（二级公司）业务和财务管理从"事务型"向"分析型"转变，通过"数据—洞察力""洞察力—行动""行动—结果"的数据驱动，满足区域公司（二级公司）一体化、精细化、智能化、动态化的高质量发展需求，促进企业运营效益和企业价值的提升。

一、"五维一体"管控

（一）管控方式

在线经营管控中心是以统一战略目标为驱动，通过信息共享和业务协同，打通战略目标、经营计划、生产运营活动和绩效评价之间的关联，构建由"综合计划、全面预算、经营活动分析、对标管理、绩效考核"组成的"五维一体"的在线经营管理模式。按照事前交互管理、事中监控分析、事后绩效闭环考核的管理思路，通过规范指标定义、来源、口径、内涵等标准化数据项和指标项，建立综合计划与全面预算统一的业财联动指标体系；通过横纵向、多维度对比分析手段，实施以问题为导向的对标管理、经营活动分析管理，同时将月对标分析作为季度经营活动分析的过程支撑；通过多层级指标管理的绩效考核，以结果为导向，实施经营管理的闭环管控，如图5-1所示。

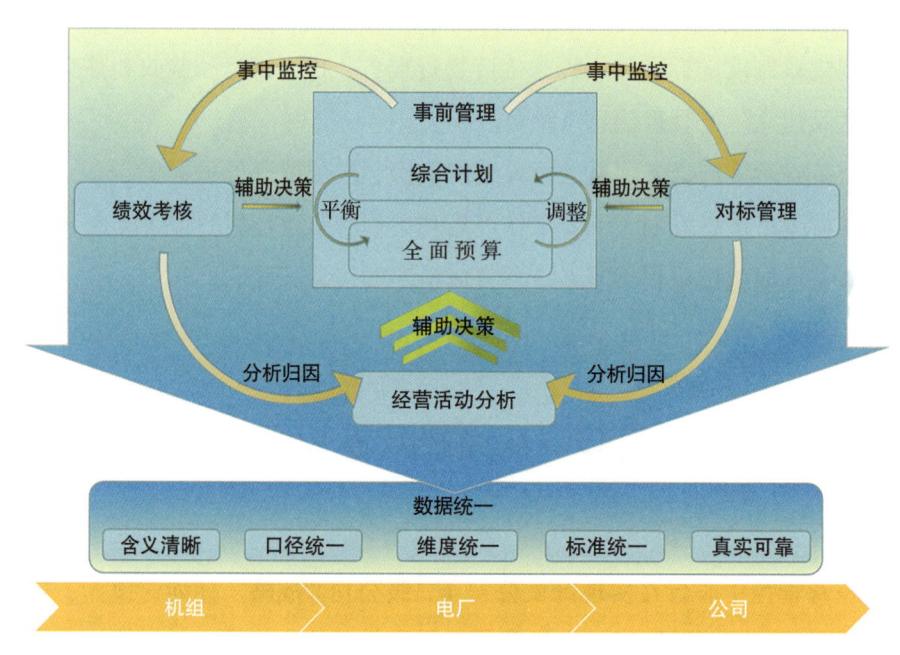

图5-1 "五维一体"管控

在线经营管控中心以效益测算及管控模型为核心，依托统一的指标体系，及时、全面、准确地掌握和分析公司生产经营状况、核心资源利用状况与运营绩效，实现关键指标的预警与报警，开展跨业务、跨层级的多维分析和深度数据挖掘，强化预算与计划的匹配度，发现、协调、解决计划执行中存在的问题，提升公司运作水平，争取创造最大价值。

(二) 体系保障

在线经营管控中心建立健全运营保障体系，包括制度保障（管理制度）、组织保障（责任体系）、流程保障（管理流程）、标准保障（管理标准）和技术保障（系统实现）。区域公司在上级公司相关管理制度的指导下，结合本公司个性化管理需求，设计和落实区域公司及下属企业的在线经营管控中心责任体系、管理流程、管理标准等。

在线经营管控的责任体系定义经营管控业务"谁来管、谁负责"，确保在线经营管控的管理职责明确、清晰。责任体系纵向划分为上级公司、区域公司和下属企业三个管理层级；横向则根据机构、部门职责，划分为决策机构、审议机构、归口管理部门、牵头部门、管理工作小组（业务归口管理部门）和责任部门（承担、责任部门），从而形成纵向归口、横向协同的在线经营管控中心的责任矩阵。

根据管理模式的不同，经营管控划分不同的归口管理部门、牵头部门、业务归口管理部门和责任部门。鉴于综合计划、全面预算和绩效管理属于企业的重大决策事项，除在线经营管控的常设机构、部门外，还明确了决策机构（党委会、董事会）和审议机构。各下属单位根据本企业的组织架构和部门职责，明确在线经营管控中各机构和部门的相应责任，如图 5-2 所示。

机构和部门		在线经营管控管理范围				
		综合计划管理	全面预算管理	对标管理	经营活动分析	绩效管理
集团公司	决策机构	党委会、董事会	党委会、董事会			党委会
	审议机构	总经办	总经办、预算管理委员会			绩效考核领导小组
	归口管理和牵头部门	战略规划部	财务部	电力产业管理部		企业管理与法律事务部
	业务归口管理部门	各相关职能部门	各相关职能部门	各相关职能部门	各相关职能部门	各相关职能部门
	责任部门	各相关职能部门	各部门			各部门
省公司 （二级公司）	决策机构	党委会、董事会	党委会、总经办			党委会
	审议机构	总经办	预算管理委员会			绩效考核领导小组
	归口管理、牵头部门	企管经营部	财务部	企管经营部	企管经营部	企管经营部
	业务归口管理部门	各相关职能部门	各相关职能部门	各相关职能部门	各相关职能部门	各相关职能部门
	责任中心	各相关职能部门	各部门			各部门
省公司下属 企业 （三级公司）	决策机构	党委会、董事会	党委会、董事会			
	审议机构	总经办	总经办、预算管理委员会			绩效考核领导小组
	归口管理、牵头部门	企管经营部	财务部	企管经营部	企管经营部	企管经营部
	业务归口管理部门	各相关职能部门	各相关职能部门	各相关职能部门	各相关职能部门	各相关职能部门
	责任中心	各部门	各部门	各部门	各部门	各部门

图 5-2 在线经营管控的责任体系

1. 横向管理责任体系

（1）决策机构。

党委会研究讨论是董事会决策有关综合计划、全面预算和绩效管理事项的前置程序；年度综合计划、预算方案及其调整方案、区域公司绩效考核方案须经各级公司党委会研究讨论后，再由公司董事会做出决策。

董事会是公司综合计划、全面预算和绩效管理的决策机构，主要职责是：①审批经营管理领域的基本制度，包括但不限于综合计划管理办法、全面预算管理办法、经营绩效考核管理办法等；②审批公司年度综合计划（调整）方案、全面预算（调整）方案、绩效考核方案和考核结果等；③审查公司年度综合计划、全面预算等的执行情况；④决定本级公司及所属企业投融资、对外担保、对外捐赠等事项；⑤审议或批准经营管理领域的其他重要事项。

（2）审议机构。

总经理办公会或相应管理委员会是综合计划、全面预算和绩效管理事项的审议机构，主要职责包括但不限于：①审议公司经营管理领域的相关制度；②拟订公司年度综合计划（调整）方案、全面预算（调整）方案、绩效考核方案和考核结果等；③在公司一类指标的总目标保持不变的条件下，审批、审议所属单位一类指标值调整方案；④审批季度投资计划；⑤根据相关经营管理制度，须审议的其他重大事项。

（3）归口管理和牵头部门。

按管理模式不同，划分不同的归口管理和牵头部门，主要职责包括但不限于：①牵头组织制订本单位经营管控的管理办法和管理标准（包括但不限于综合计划管理办法、全面预算管理办法、对标管理办法、经营活动分析管理办法、绩效管理办法等），并组织实施；②建立健全经营管控指标体系和管理平台，确定经营管控指标的管控策略、责任体系、管理流程等；③组织相关部门开展本单位经营管控的指标分析、评价、整改提升等工作，定期通报相关结果；④建立经营管控考核激励机制，落实相关考核工作；⑤指导、监督区域公司经营管控的相关工作。

（4）业务归口管理部门。

在业务归口管理部门的指导下，各级公司应基于本单位的组织架构和部门职责确定相应的业务归口管理部门（如生产技术部门、财务部门、物资采购部门、燃料管理部门、安全环保监察部门等）。业务归口管理部门的主要职责包括但不限于：①根据本单位实际和管理需要，及时补充、完善经营管控指标体系，并按照国家、行业和集团相关标准，对业务指标进行规范化和标准化；②汇总、统计、报送本单位经营管控指标数据，确保数据真实、准确；③组织定期召开本专业经营指标分析会，分析评价指标变动的影响因素及其反映的业务问题和短板，制订提升措施并组织落实；④提出经营管控指标分析和评价的思路、建议。

（5）责任部门。

责任部门是经营管控指标的承担者、执行者。责任部门的职责包括但不限于：①统计、报送本部门相关的指标数据，确保数据真实、准确；②协助业务归口管理部门开展指标评价、分析工作，查找原因，明确差距，制订提升措施，并组织落实。

2. 纵向管理责任体系

（1）区域公司。

①负责制订本企业的经营管理相关制度。

②编制本企业上报集团的年度、月度综合计划和预算方案，并按照集团下达的目标进行分解落实。

③对综合计划和预算执行进行过程控制和跟踪分析，并组织开展本企业的对标管理、经营活动分析等工作，发现管理问题，制订整改措施。

④跟踪、评价经营管理提升措施的效果，指导三级公司持续改进和提升经营绩效。

⑤年终根据经营结果和考核办法组织本企业绩效考核。

⑥根据集团和区域公司的相关经营管理制度，需负责的其他经营管理事项。

（2）区域公司所属企业。

①参照一级公司和区域公司经营管理相关制度，制订本单位的管理制度。

②根据本单位的组织架构和部门职责，确定本单位的经营管控责任体系。

③根据区域公司相关经营管理制度，组织本单位相关部门编制和填报相关的经营管理模板、报表，确保数据真实、准确。

④根据区域公司下达的年度、月度综合计划和预算，分解并执行。

⑤对综合计划、预算等执行情况进行过程控制和跟踪分析，并协助区域公司相关归口管理部门开展对标分析、偏差分析等工作。

⑥根据经营结果和考核办法组织本企业进行绩效考核。

⑦根据相关经营管理制度，需执行的其他经营管理事项。

3. 管理流程

在线经营管控涵盖多个职能领域，综合运用多种管控模式，但在线经营管控中心的管理流程具有相似性，涉及如下流程：确定在线经营管控的关键领域；在线经营管控指标体系、模型、模板等的创建和维护；在线经营管控指标的管控策略确定；在线经营管控指标的日常统计与报送；在线经营管控指标的日常分析；在线经营管控指标评估，如图5-3所示，各种管控模式的详细管理流程将在对应部分详述。

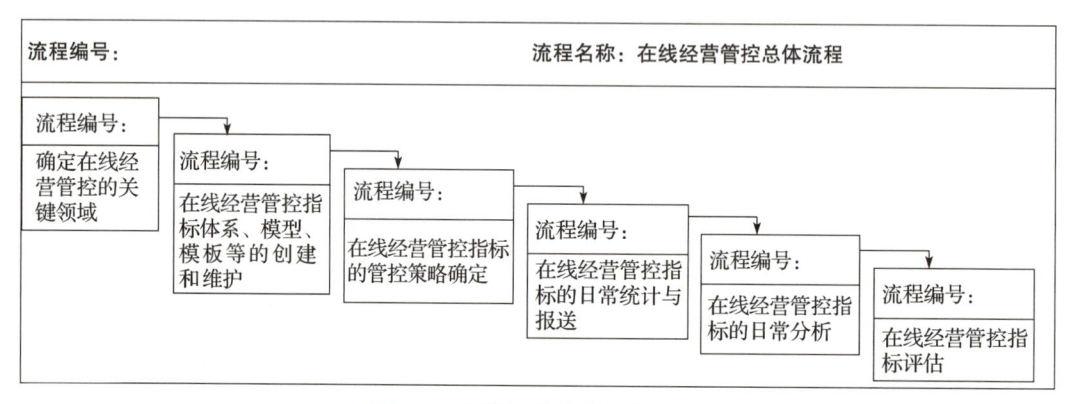

图5-3 在线经营管控总体流程

4. 管理标准

构建"五维一体"在线经营管理模式须依托综合计划、全面预算、对标管理、经营活动分析和绩效管理的关联管理内容的横向贯通，以及综合计划、全面预算、对标管理、经营活动分析和绩效管理等管理模式下的管理力度、管理方式的细化和优化。具体而言，在线经营管控中心的管理标准包括四个层面的含义。

（1）指标体系。

综合计划、全面预算、对标管理、经营活动分析和绩效管理的管理指标的规范化、标准化，即形成统一规范的"五维一体"在线经营指标体系。

（2）指标关系。

年度综合计划和全面预算、月度综合计划和全面预算的管理指标间勾稽和联动关系的显性化、明晰化。

（3）指标测算方法。

基于一级公司统一业务规范，结合区域公司（二级公司）的精细化管理需求，在区域公司层面拓展综合计划和全面预算的管理内容、深化综合计划和全面预算的管理力度，并且统一和优化综合计划和全面预算中关键管理指标测算方法。

（4）优化模板。

结合外部报送要求和区域公司（二级公司）的管理需求，设计和优化区域公司统一的综合计划和全面预算的编制模板。

二、综合计划

综合计划是在公司战略目标的指导下，按业务、组织等多个维度，建立覆盖公司各管理职能、各业务单元的综合计划指标体系，提供关键计划指标的趋势预测功能，支持年度、季度、月度和更小时间颗粒的综合计划编制或汇总平衡、执行反馈、查询、分析、调整、考核评价等功能。

（一）主要业务

综合计划管理是指企业在计划年度内，采取计划、组织、控制等管理工具，通过信息化等管理手段，对计划活动实施的全过程、全要素、全覆盖的管理，主要包括计划编制、执行、调整、考核等环节。综合计划管理按时间维度划分为年度综合计划、季度综合计划和月度综合计划。

1. 年度综合计划

年度综合计划包括年度生产计划、年度投资计划、年度资本运营计划、年度专项计划和年度财务预算。

（1）年度生产计划主要反映与产品生产、销售、服务相关的计划安排。原则上应包括产品（服务）生产计划、产品（服务）销售计划、燃料（原料）供应计划、技术经济指标计划等。

（2）年度投资计划主要反映与资本性支出相关的计划安排，原则上应包含固定资产投资计划和股权投资计划，其中固定资产投资计划分为基建投资计划、技改投资计划、前期费用计划和信息化投资计划等。

（3）年度资本运营计划主要反映权益融资计划安排，包括股权融资、债券融资等计划。

（4）年度专项计划主要反映计划期内的有关专项安排，主要包括安全环保计划、科技计划、煤炭去产能计划、煤电去产能计划等。

（5）年度财务预算是指与企业资金收支、财务状况和经营成果有关的预算，原则上应包括资产负债预算、损益性预算和现金流量预算等。

2. 季度综合计划

季度综合计划是在年度综合计划下达目标的指导下，主要落实季度投资计划，对年度投资计划进行精细化管理。通过跟踪项目工程建设进度、计划执行情况和拟开工（备选）项目审批情况，对投资节奏进行过程控制。

3. 月度综合计划

月度综合计划是在年度综合计划下达目标的指导下，主要落实月度生产计划，对年度生产计划及与生产关联的财务预算进行精细化管理。通过实施定期、定量的过程控制，保障年度生产计划和财务预算的实现。

综合计划管理通过综合计划编制模板进行上报，通过综合计划指标分解下达设定年度目标，通过指标、项目、科目等不同管控对象（同时也是管控力度）的分析实现年度、季度和月度的监督、管控和考核。

（1）综合计划编制模板。

综合计划编制模板按照周期，划分为年度综合计划编制模板、季度综合计划编制模板和月度综合计划编制模板。

在年度综合计划编制模板中，投资计划、资本运营计划按项目进行编制；生产计划、财务预算、专项计划按一级公司和区域公司的综合计划指标或预算科目进行编制。

（2）综合计划指标。

综合计划指标的分类在每年综合计划编制时，由一级公司战略规划部和有关职能部门拟定。

（二）组织体系

综合计划管理按照组织架构，纵向分为集团公司（一级公司）、区域公司（二级公司）、区域公司下属企业（三级公司）三个层级，其中区域公司向集团公司负责，区域公司下属企业向区域公司负责。横向而言，在同一组织内部，设立综合计划决策机构、综合计划审议和审批机构、综合计划归口机构和牵头部门（牵头组织和统筹协调机构）、综合计划业务归口管理部门、综合计划责任部门。各机构职责参见在线经营管控的"体系保障"。

（三）业务流程

综合计划管理涉及如下业务流程：年度综合计划目标预测与设定、年度综合计划编制、年度综合计划的审批与下达、年度综合计划报告和分析、年度综合计划调整、绩效考核等。

1. 年度综合计划目标预测和设定

年度综合计划目标预测和设定以公司战略规划为基础。预测是对目标的初步设定，是根据外部环境变化和公司战略，通过对公司内部运营情况和以往计划执行情况进行分析，对公司未来的计划目标进行估测。目标设定则是对预测的结果进行分析，通过对各种可能的情况进行模拟推演后，选择与公司战略目标最协调一致和最具有可行性的方案，最终确定为各单位的计划目标。

在年度综合计划启动初始，区域公司和所属单位需根据公司外部环境、战略规划和实际计划执行情况等因素，对下年度关键计划指标进行预测，以指导综合计划部署和编制工作。关键计划指标是指对公司生产技术、经营绩效等有直接且广泛影响的计划指标，包括但不限于产品（服务）销售量和产量指标、销售价格指标等。

区域公司业务管理部门以关键计划预测结果为指导，基于关键计划指标间的勾稽关系（包括但不限于生产指标与经营业绩指标间的关系、生产指标与原料供应计划指标间的关系等）及业务管理要求，模拟不同情景下的综合计划方案（重点是不同的假设参数、利润方案），确定区域公司的综合计划目标，以指导本单位的各责任部门和下属区域公司编制综合计划和财务预算。

在线经营管控中心—综合计划模块综合计划目标预测提供历史数据、预测模型和预测结果，以及综合计划的多版本模拟，为管理部门关键计划指标预测和年度综合计划目标的设定提供支持。

2. 年度综合计划编制

（1）流程说明。

年度综合计划编制是各业务计划责任部门基于综合计划责任体系，按照综合计划编制说明，按照综合计划编制模型和既定的综合计划目标进行业务规划部署的过程。综合计划的编制采用自上而下和自下而上相结合的方式进行，自上而下设定目标，再通过自下而上围绕目标进行综合计划的编制。

区域公司所属企业（三级公司）在年度综合计划编制说明的指导下，通过一体化平台编制年度综合计划，履行内部审批流程后上报区域公司业务归口管理部门。区域公司业务归口管理部门汇总、审核所属单位（三级公司）的归口业务计划，经调整平衡后提交区域公司综合计划归口管理部门。区域公司综合计划归口管理部门汇总、审核各业务归口管理部门的平衡结果，履行内部审批流程后通过集团相应管理平台上报集团。

在年度综合计划中财务预算编制以综合计划指标等为基本输入，编制流程参照财务预算，财务预算结果纳入年度综合计划中。

（2）流程范围。

本流程适用于区域公司和所属企业年度综合计划编制、汇总、审批和上报活动。

3. 年度综合计划的审批与下达

（1）流程说明。

一级公司下发区域公司年度综合计划和财务预算目标后，基于一级公司下达计划目标值，参考各所属企业上报年度综合计划方案及其实际情况，区域公司综合计划归口管理部门组织各业务归口管理部门分解所属企业年度综合计划目标，经区域公司综合计划决策机构审批后进行下达。所属企业根据区域公司下达的年度综合计划目标，按部门职责落实到各责任部门。除正式公文下达外，区域公司综合计划归口管理部门须在相应管理系统（包括一体化平台）中设置年度计划目标值，以此作为综合计划执行管控的依据。

年度综合计划中财务预算的审批下达参照财务预算执行。

（2）流程范围。

本流程适用于区域公司审批、下达所属企业年度综合计划方案的活动。

4. 月度综合计划编制

（1）流程说明。

月度综合计划编制是业务计划责任部门在年度综合计划目标值指引下，在各月度的分解和落实。月度综合计划中与财务预算相关的经营业绩指标参照财务预算执行。

月度综合计划除明确下月度业务目标外，还需要基于业务计划执行情况、市场环境等对年度综合计划目标进行滚动预测，判断其对年度综合计划目标的影响程度。

（2）流程范围。

本流程适用于区域公司和所属企业月度综合计划编制活动。

5. 月度综合计划执行与控制

月度综合计划下达后若不予调整，则成为本月综合计划目标值和本月综合计划完成率考核的基准。月度综合计划执行与控制在一级公司或区域公司相应的其他管理平台落地实施。

在月度周期内，月度综合计划中业务指标的日、周监测及潜在偏差等提示、分析等功能通过在线经营管控—经营活动分析模块实现。

6. 综合计划报告与分析

（1）流程说明。

综合计划报告与分析是将综合计划的实际执行情况与年度、月度目标进行比较，找出差异原因并提出解决办法的过程。

各级综合计划业务归口管理部门建立定期综合计划分析报告制度，以责任部门为报告主体，定期对综合计划执行情况与差异原因进行分析，并反馈给相关责任部门，积极寻求解决办法，及时研究调整经营方式和经营策略。

（2）流程范围。

本流程适用于所有年度、月度综合计划报告与分析活动，包括数据采集、差异分析。

7. 年度综合计划调整

一级公司和区域公司一类指标值原则上不予调整，一级公司和区域公司二类指标的调整需履行审批备案。如因客观原因或外部环境发生重大变化，需对年度综合计划指标进行调整的，应根据调整内容、调整层级履行相应的审批流程。

年度综合计划调整与综合计划编制的程序一致，先自下而上提出申请，再自上而下进行批复。年度综合计划调整申请应包括调整情况、调整原因、调整的必要性、执行情况及保障措施等。

年度综合计划调整流程按调整内容和调整层级，划分为以下子流程。

（1）三级公司一类指标调整审批流程。

（2）三级公司二类指标调整审批流程。

（3）二级公司一类指标调整审批流程。

（4）二级公司二类指标调整审批流程。

（5）一级公司一类指标调整审批流程。

（6）一级公司二类指标调整审批流程。

年度综合计划调整流程通过集团相应管理平台承载，待审批通过后，二级公司综合计划归口管理部门在一体化平台重新设置调整后的年度综合计划目标。

8. 绩效考核

综合计划执行情况是企业绩效考核的重要内容和组成部分，年度和月度综合计划指标是公司进行年度考核和月度评价、季度考核兑现的依据。综合计划执行情况的月度、季度和年度考核参见绩效管理部分。

（四）表单及模板

综合计划管理涉及的表单及模板包括以下内容。

（1）年度关键综合计划指标预测。

年度关键综合计划指标预测可采用不同的方法，对单一的关键综合计划指标进行预测，为年度综合计划编制者提供参考。年度关键综合计划指标包括发电量、售热量、售电单价、售热单价等影响综合计划的全局变量，如表5-5所示。

表5-5 年度关键综合计划指标预测表

关键指标	预测方法	数据准备
发电量	历史发电量时间序列回归预测、基于发电量增长率的增量预测、区域市场占有率预测等	区域发电市场交易数据（交易量、市场占有率、增长率等）、机组历史发电量数据等
售热量	历史售热量时间序列回归预测、基于售热量增长率的增量预测、区域市场占有率预测、多元回归预测等	区域市场供热面积、区域供热市场占有率、机组历史售热量等
售电单价	历史售电单价时间序列回归预测、基于不同客户类型售电量的加权平均价格预测、售电单价增量预测等	历史售电电价等
售热单价	历史售热单价时间序列回归预测、基于不同客户类型售热量的加权平均价格预测、售热单价增量预测等	历史售热单价等

（2）年度综合计划目标设定模拟。

年度综合计划目标设定模拟是不同变量组合（主要是技术经济指标）约束下的经营业绩情况，为对标指标标杆值、年度综合计划总体目标的确定提供参考。

（3）年度综合计划编制模板。

（4）年度综合计划汇总平衡分析表。

（5）月度综合计划编制模板。

（6）月度综合计划汇总平衡分析表。

（7）月度综合计划分析报告。

（五）年度综合计划的主要功能

年度综合计划的主要功能如下。

（1）基于相关数据的整合、分析和预测，为综合计划归口管理部门确定一类综合计划指标提供参考。

（2）通过业务数据和计划指标等的关联和整合，为业务部门编制综合计划及归口管理部门审核、汇总、平衡综合计划提供技术支持。

（3）保存每个综合计划指标年度上报、年度下达、年度调整、月度上报、月度下达、月度调整等环节的不同值，为综合计划管理分析提供依据和基准。

三、财务预算

财务预算承接综合计划中生产计划、资本运营计划、投资计划、专项计划和公司战略举措，将各项业务计划和战略举措落实到公司的资源配置中，以财务预算为载体，支持年度、季度和月度的各项业务计划的实现。财务预算模块通过建立综合计划的生产计划、资本运营计划、投资计划、专项计划等与财务预算（包括预计利润、预计资产负债和预计现金流）的业财关联，为综合计划中的财务预算的编制和汇总平衡、执行反馈、查询、分析、调整、考核评价等提供支持。

财务预算为狭义的全面预算管理，不包括全面预算管理的业务预算（业务预算纳入综合计划管理范畴），综合计划管理和财务预算管理共同构成广义的全面预算管理。

（一）主要业务

财务预算是指与企业资金收支、财务状况和经营成果有关的预算，包括损益性预算、资产负债预算、现金流预算和营业外收支、财务费用等其他损益预算。

1. 损益性预算

损益性预算是反映公司预算期内利润目标及其构成要素情况的预算，包括运营收入预算和运营支出预算。

（1）运营收入预算。

运营收入预算基于综合计划中各类产品的产量、销售、价格等指标预测分别计算确定。运营收入预算按产品类别划分，包括电力产品收入（细分为火电、水电、风电和太阳能）、热力产品收入、化工产品收入等。

（2）运营支出预算。

运营支出预算基于综合计划中纳入费用化管理的项目、资本化管理的项目投产预测、综合计划中成本类指标标杆值等因素，考虑各费用的驱动因素，引导年度运营支出需求测算过程。运营支出预算按职能条线划分，包括主营业务成本预算、销售费用预算、管理费用预算。

2. 资产负债预算

资产负债预算反映公司预算期末资产、负债、所有者权益总量及其变动情况，由财务部门根据损益预算、投资计划，在保证资产负债率和净资产收益率合适的前提下，分析编制资产负债表预算。

3. 现金流预算

现金流预算反映公司预算期内现金的流入和流出情况，包括经营活动、投资活动和筹资活动产生的现金流量情况。财务部根据损益预算、投资计划及资产负债预算，测算合理的运营收入收现率、历史欠费回收率、预收账款收现增量、投资计划、各项成本费用和税金的付现率及其他付现项目，计算编制现金流预算，同时考虑保持合适的自由现金流率，编制现金流量表预算。

4. 其他损益预算

其他损益预算指营业外收支、财务费用、其他业务收支及所得税等非主营业务相关的损益情况。

（二）组织体系

财务预算是综合计划管理的重要组成部分，由财务部门牵头负责。同时，财务预算是企业重大决策事项，涉及企业各部门、各层面，为保障财务预算的合理性，还须建立覆盖全业务、全员的财务预算管理组织保障体系。

财务预算管理组织保障体系按照公司组织架构设立一级公司、二级公司、所属单位（三级公司）共三级的纵向预算管理组织，其中二级公司向一级公司负责，三级公司向二级公司负责。财务预算横向组织包括财务预算决策机构、审议和审批机构、预算管理办公室（常设机构和牵头部门）、预算归口管理部门和预算责任部门。

(三) 业务流程

财务预算是综合计划管理范围的组成部分，财务预算管理与综合计划管理既有关联，又相互独立。与综合计划管理流程相似，财务预算管理涉及预算目标预测与目标设定、预算编制、预算的审批与下达、预算的执行监测和执行控制、预算报告和分析、预算调整、预算绩效考核等子流程。

1. 年度预算目标预测及设定

（1）流程说明。

年度预算目标预测及设定流程指根据外部环境变化和公司战略，通过对公司内部的运营情况和以往预算执行情况进行分析，对公司未来的预算目标进行估测，并对预测的结果进行分析，通过对各种可能变化的情况进行模拟后，选择与公司战略目标最协调一致和最具可行性的方案，以确定各单位的预算目标。

年度预算目标预测和设定须以综合计划管理中关键综合计划指标为基础。

（2）流程范围。

本流程适用于省公司年度预算目标、年度预算编制的边界条件等的确定。

2. 年度预算编制

（1）流程说明。

年度预算编制是基于预算管理责任体系，在公司战略、总体预算目标、对标标杆值、预算驱动因素等的指导下，各预算责任部门以业务计划为基础，按照预算编制模型和既定的预算目标进行资源配置的过程。

年度预算编制采用自上而下和自下而上相结合的方式进行，先自上而下设定预算目标，再自下而上根据完成预算目标所需的资源进行预算编制。年度预算编制采用零基预算方法，通过标杆值法、驱动因素法等编制年度预算。

（2）流程范围。

本流程适用于区域公司、所属单位（三级公司）年度预算编制活动。

3. 年度预算分解和下达

（1）流程说明。

一级公司下达区域公司年度财务预算目标后，基于一级公司下达综合计划目标和财务预算目标，参考所属各企业上报的年度预算方案及其实际情况，区域公司预算归口管理部门组织各业务归口管理部门分解所属企业年度预算，经区域公司预算管理决策机构审批后进行下达。所属单位根据区域公司下达的预算目标，按部门职责落实到各责任部门。除正式公文下达外，区域公司预算归口管理部门须在相应管理系统（包括一体化平台）中设置年度预算目标值，作为预算执行管控的依据。

（2）流程范围。

本流程适用于区域公司分解、下达所属单位（三级公司）年度预算的活动。

4. 月度预算编制

（1）流程说明。

月度预算编制是各预算责任部门在年度预算目标值的指引下，在各月度的分解和落实。与年度预算编制方法不同，月度预算编制采用滚动预算方法，除明确下月度预算目标外，还需要基于业务计划执行情况、市场环境等对年度预算目标进行逐期滚动预测，对原有的预算方案进行调整和补充，并判断对年度预算目标的影响程度。

（2）流程范围。

本流程适用于区域公司和所属单位（三级公司）的月度预算编制活动。

5. 月度预算执行与控制

月度预算下达后不予调整，成为本月预算目标值和本月预算完成率考核的基准。月度预算执行与控制在集团或区域公司相应的其他管理平台落地实施。

在月度周期内，月度预算中相关指标的日、周监测及潜在偏差等提示、分析等功能通过在线经营管控—经营活动分析模块实现。

6. 预算报告与分析

（1）流程说明。

预算报告与分析是将预算的实际执行情况与年度、月度预算目标进行比较、分析，并以此为基础，增加财务与生产侧数据差异比对、预算和计划的数据差异比对，找出差异原因并提出解决办法。

各级业务归口管理部门建立定期预算分析报告制度，以责任部门为报告主体，定期对预算的执行情况与差异原因进行分析，并反馈给相关责任部门，积极寻求解决办法，及时调整经营方式和经营策略。

（2）流程范围。

本流程适用于所有年度、月度预算报告与分析活动，包括数据采集、差异分析等。

7. 预算调整

预算调整应与预算编制的流程一致，先自下而上提出申请，再自上而下进行批复。预算调整申请应包括调整的事项和原因、调整的必要性、调整的金额等。调整范围仅限于未执行的预算，对已执行的预算不得调整。

8. 预算绩效考核

预算绩效考核包括预算执行情况的考核和预算职能考核。

预算执行情况是企业绩效考核的重要内容，年度和月度预算指标是公司进行年度考核和月度评价、季度考核兑现的依据。

预算职能考核是用量化指标衡量各相关部门在预算实施过程中取得的业绩和完成工作的情况。现阶段，集团和区域公司的预算管理评价机制尚不完善，本流程环节线下实施，后续可根据管理需要在一体化平台落地。

（四）表单及模板

财务预算管理涉及的表单及模板包括以下内容。

（1）年度预算目标设定模拟。

（2）年度预算编制模板。

（3）年度预算汇总模板（模拟合并报表）。

（4）月度预算编制模板。

（5）月度预算分析报告。

（6）月度预算滚动预测。

（7）预算绩效考核报告。

四、对标管理

对标管理针对纳入集团和区域公司对标管理体系的关键计划指标、预算指标和其他经营管理指标，提供按组织、按时间（年、季和月、日）、按业务域等多个维度的内部、外部对标指标的展示、分析（实际值与标杆值的差异）等功能，通过对标识别差距，发现问题，整改落实，持续优化。

（一）主要业务

对标管理是按照对标一流管理提升的要求，围绕量、本、利三要素，以行业领先企业为标杆，开展全员、全过程、全要素的对标工作。对标管理的核心是构建覆盖企业生产运营管理工作的一系列评价指标，并通过对标指标的分析、评估和应用，为综合计划和财务预算编制及调整、绩效评价等提供依据。

根据经营管控需要，为确保对标单位与标杆单位的可比性，对标指标可以设置多个维度。对标指标常用的管理维度包括但不限于以下几方面。

（1）时间维度：年、季、月、日。

（2）产业维度：火电、水电、风电和光伏。

（3）组织维度：一级公司、区域公司、发电企业、部门或班组。

（4）对象维度：一级公司、区域公司、发电企业、机组（电站）。

（5）区域维度：根据国家统计局划分标准，集团公司的区域维度可划分为东部、西部、中部和东北四大地区，区域公司的区域维度可根据管理需求进行划分。

（二）组织体系

对标管理的组织保障体系，纵向划分为集团公司、省级公司和区域公司下属企业三个管理层级；横向则根据部门职责，划分为归口管理部门和责任部门，形成对标指标的责任矩阵。

（三）业务流程

对标管理主要涉及如下流程：对标指标体系的构建与维护；标杆对象、标杆值和对标逻辑策略的确定；日常对标指标统计与报送；日常对标指标分析；对标指标评估及监督考核等，如图5-4所示。

1. 对标指标体系的构建与维护

对标指标体系由对标指标（包括指标编号、名称、定义、单位、精度、统计口径、统计周期、基础数据及参数、数据源等）、指标完成值计算（折算）方法、指标维度等要素构成。其中，对标指标和指标完成值计算（折算）方法是对标指标体系的基础和核心，如表5-6所示。

第五章 一体化运营管控应用

```
流程编号：                                    流程名称：对标管理流程图
```

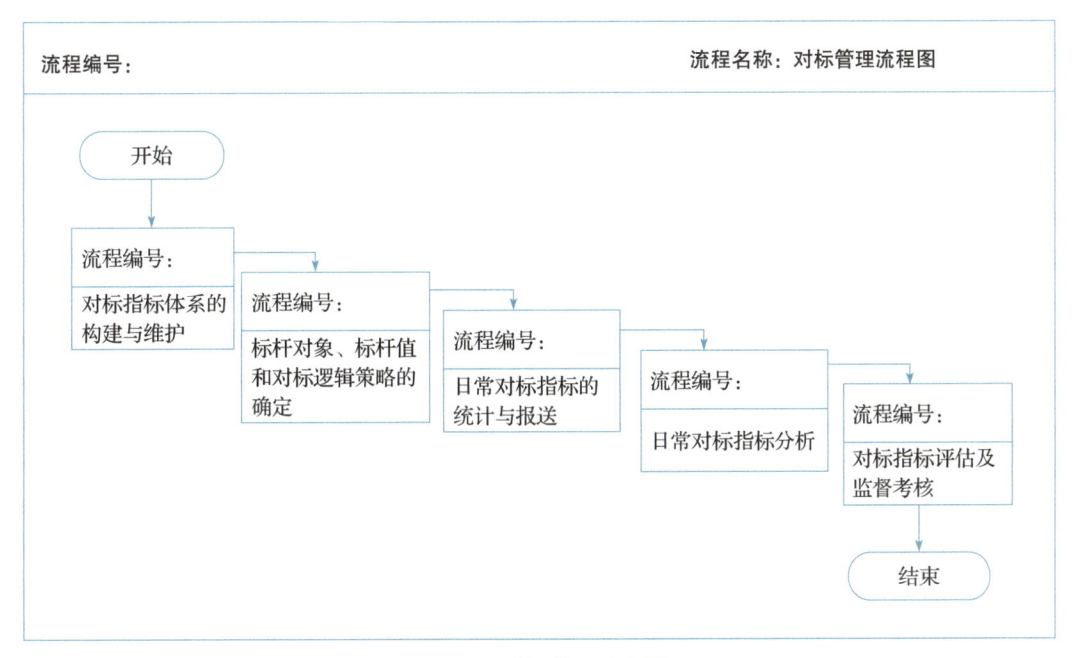

```
开始
  ↓
流程编号：        流程编号：
对标指标体系的 → 标杆对象、标杆值  → 流程编号：
构建与维护       和对标逻辑策略的    日常对标指标的 → 流程编号：
                确定              统计与报送    日常对标指标分析 → 流程编号：
                                                              对标指标评估及
                                                              监督考核
                                                                ↓
                                                              结束
```

图 5-4 对标管理流程图

表 5-6 对标指标体系

对标指标体系	说明
指标编号	指标的唯一编号（按照本项目的数据标准规范执行）
指标名称	指标名称按国家、行业和集团标准的规范命名
指标定义	指标的含义、指标设置的目的
指标单位	指标的计量单位
指标精度	/
指标统计口径	业务口径和财务口径；上报集团口径和内部管理口径；累计值和当期值等
指标统计周期	指标多长时间获取一次数据、多长时间报告一次，如日、周、月、季或年
基础数据及参数	指标的计算方法，以及构成指标的各参数的定义
指标完成值计算（折算）方法	指标完成值的计算方法；各参数的取值口径等
指标维度	指标可展开的管理维度，如组织、产品等
指标数据源	指标及各参数的数据来源
指标管理部门	指标的日常维护、管理部门
指标责任部门	指标变动所反映业务内容的责任部门（操作执行部门）

对标指标管理隶属一体化平台数据治理的范畴，遵从一体化平台数据治理的统一

97

规范。本流程环节线下构建，在一体化平台线上部署。

省级公司对标指标包括一级公司发布的统一指标和区域公司核准的个性化指标两部分，用于区域公司对所属企业（三级公司）的对标管理、绩效考核等工作。区域公司对标指标体系需根据集团对标指标体系的调整和本单位的管理需求进行动态调整完善。一般而言，区域公司对标指标按年进行调整。区域公司对标归口管理部门每年第三季度征求对标管理工作小组和所属企业（三级公司）的对标指标需求和建议，并在第三季度末确定新增或调整的对标指标方案［含对标指标的各类定义、指标完成值计算（折算）方法等］；新增或调整对标指标方案批准后，纳入下一年度对标指标管理工作。

2. 标杆对象、标杆值及对标逻辑策略的确定

明确对标指标后，区域公司根据本单位实际，确定二级公司、三级公司的各项对标指标需参考的标杆对象、标杆值（对标阈值和目标临界值类型）和对标逻辑策略（对标指标比较的逻辑判断关系），如表5-7所示。通常，标杆对象、标杆值和对标逻辑策略的确定与对标指标体系调整同步进行，一般每年开展一次。本流程环节线下实施，在一体化平台线上部署。

表 5-7 标杆指标

标杆对象		标杆值	对标逻辑策略	对标指标优化方向
行业标杆	行业总体	均值、中位值、最高值、最低值	高于、不低于、低于、不高于等	越高越优、越低越优
	区域总体	均值、中位值、最高值、最低值	高于、不低于、低于、不高于等	越高越优、越低越优
一级公司标杆	一级公司总体	均值、中位值、最高值、最低值	高于、不低于、低于、不高于等	越高越优、越低越优
	区域总体	均值、中位值、最高值、最低值	高于、不低于、低于、不高于等	越高越优、越低越优
	容量类型总体	均值、中位值、最高值、最低值	高于、不低于、低于、不高于等	越高越优、越低越优
	经营规模类型总体	均值、中位值、最高值、最低值	高于、不低于、低于、不高于等	越高越优、越低越优
	特定企业	均值、中位值、最高值、最低值	高于、不低于、低于、不高于等	越高越优、越低越优
同业标杆	根据标杆数据的可获取性，参照一级公司的标杆对象和标杆值类型，选择同业标杆			

3. 日常对标指标的统计与报送

对标指标及标杆值确定后，对标管理进入日常管理环节。

（1）月度对标指标的统计与报送。

每月月初，在线经营管控中心—对标管理模块根据对标指标完成值计算（折算）方法自动计算上月对标指标完成值，对暂时无法实现自动取值的对标指标，则由三级公司按规定的时间和格式要求在一体化平台填报，并提交区域公司对标业务归口部门和对标管理归口部门。按照集团电力产业生产运营对标管理办法的规定，区域公司对标管理归口部门每月定期完成指标数据的汇总审核工作，并通过集团相应平台报送。

（2）年度对标指标的统计与报送。

纳入月度对标管理范围的对标指标，其年度指标值由一体化平台按月度累计或按年度指标值计算（折算）方法自动计算；仅按年度统计的对标指标，其年度指标值由所属企业（三级公司）按省级公司相关管理部门的要求，组织统计、评估、审核和报送。区域公司所属企业（三级公司）于来年 1 月上旬前（略晚于 12 月月度对标指标报送时间）通过一体化平台向区域公司对标归口管理部门报送年度对标指标完成值。区域公司在完成年度对标指标数据的汇总审核工作后，通过集团相应平台进行报送。

4. 日常对标指标分析

每月月初，所属企业（三级公司）和区域公司针对关键对标指标开展差异性分析、阶段性分析、典型性分析、综合性分析等工作。对标指标分析可与综合计划管理、财务预算管理、经济活动分析、绩效考核管理等工作同步开展，为管理决策提供参考。

（1）差异性分析。

差异性分析是通过与标杆指标的比较，寻找指标及其管理的差异；通过对主客观因素的分析，确定影响指标先进性的原因和程度。差异性分析的对象是目标指标或过程指标，以及单项指标、专业指标或相关的指标。通过对多组指标数据的分析，差异性分析可确定指标与主客观因素的相关性及其规律。

差异性分析的内容主要包括分析对象、指标差异、影响因素、影响程度、分析结论、完善的对策和措施等。

差异性分析一般以月度为周期进行。

（2）阶段性分析。

阶段性分析是对指标数据在不同时段、不同年份的指标数据进行比较和趋势预测。阶段性分析的对象是目标指标或过程指标，以及单项指标、专业指标或相关的指标。阶段性分析应通过多组指标数据的分析来确定指标与时间因素的相关性及其规律。

阶段性分析的内容主要包括分析对象、指标差异、发展趋势、相关结论等。

阶段性分析一般以季度为周期进行，也可根据需要对部分指标以月度为周期进行分析。

（3）典型性分析。

典型性分析是选择对本单位生产运营影响较大的关键因素、关键指标进行深入分析，对照典型经验，找出差距，分析原因，重点改进。

典型性分析的内容主要包括分析对象、业务现状、典型经验、与典型经验的差距、差距原因和改进措施。

典型性分析可以根据公司管理的需要，按月度、季度定期开展。

（4）综合性分析。

综合性分析是对企业总体绩效水平进行分析与评价，从总体角度确定企业对公司战略和绩效要求的完成情况，确定差距、改进方向及措施。综合性分析的重点是反映安全、质量、效益等方面的评价指标。综合性分析在差异性、阶段性和典型性分析的基础上进行。

综合性分析的内容主要包括企业现状、标杆水平、整体差距、影响因素、影响程度、发展趋势、改进方向及改进措施等。

综合性分析每年至少开展两次（半年度、年度）。

5. 对标指标评估及监督考核

对标指标评估是对标指标在经营管理中的应用。根据对标排名，集团公司每半年对排名靠后的单位开展重点监督，指导帮助相关单位系统分析薄弱环节，学习应用先进典型经验，落实改进措施，实现对标提升。基于对标排名，区域公司要督促所属企业（三级公司）对对标指标中偏离标杆值过大、发展趋势呈恶化态势、持续低于集团均值等情况的指标制定改善措施，并追踪落实情况，每季度进行整改落实、评估分析。

对标指标评估及监督考核是各级对标管理归口部门按照对标管理评价机制，对下属企业开展对标工作的过程评价，包括但不限于信息报送、对标管理工作情况等。

现阶段，集团和区域公司的对标管理评价机制尚不完善，本环节线下实施，后续可根据管理需要在一体化平台落地。

(四) 表单及模板

（1）对标指标数据字典。

（2）对标指标标杆值模板。

（3）对标指标月度填报表。

（4）对标指标年度填报表。

（5）对标指标分析报告。

(五) 系统实现

对标管理模块是集团统建对标管理信息系统的基础和重要组成部分，该模块提供以下系统功能，支持省公司及所属企业（三级公司）的对标管理工作，如表5-8所示。

表 5-8 对标管理模块

序号	功能模块	管理层级	功能菜单	菜单类型
1	对标管理			菜单夹
1.1		二级公司	对标指标配置管理	菜单夹
			对标指标配置	功能菜单
			对标指标标杆值配置	功能菜单
			季度对标绩效考核规则配置	功能菜单
			年度对标绩效考核规则配置	功能菜单
1.2		三级公司	对标指标统计报送	功能菜单
1.3		二级和三级公司	对标指标分析	菜单夹
		二级和三级公司	对标指标改进评估	菜单夹
		二级和三级公司	对标管理监督考核	菜单夹

五、绩效管理

绩效管理是在绩效考核体系框架下，按组织、业务等维度，提供绩效指标和专项绩效指标评价的月度和年度评分，以及绩效结果的反馈、查询、展示等功能。

(一) 主要业务

绩效管理是根据《企业国有资产监督管理暂行条例》《中央企业负责人经营业绩

考核办法》等法律法规和监管制度,以及一级公司、区域公司绩效考核管理办法等管理制度,由一级公司对各区域公司、各区域公司对所属企业(三级公司)开展经营业绩的考核、评价活动。绩效管理坚持战略引领、分类考核、客观公正、激励与约束并重,突出质量效益、产业协同、科技创新、可持续发展,通过构建考核指标体系、计分和评级规则、考核分工和流程,加强短板考核,加强过程管控,从而建立科学、有效的经营业绩考核评价体系。

绩效考核按照考核周期(时间维度)可划分为:年度经营业绩考核和月度经营业绩考核。

1. 年度经营业绩考核

集团公司年度经营业绩考核内容原则上包括经营回报、生产运营、安全环保、产业协同、持续发展和重点专项六部分,如图 5-5 所示。年度经营业绩考核在考虑行业特点和年度工作实际的前提下,基于年度考核指标体系开展。年度经营业绩考核结果的应用可由集团公司、区域公司(二级公司)及其所属区域公司(三级公司)自行规定。

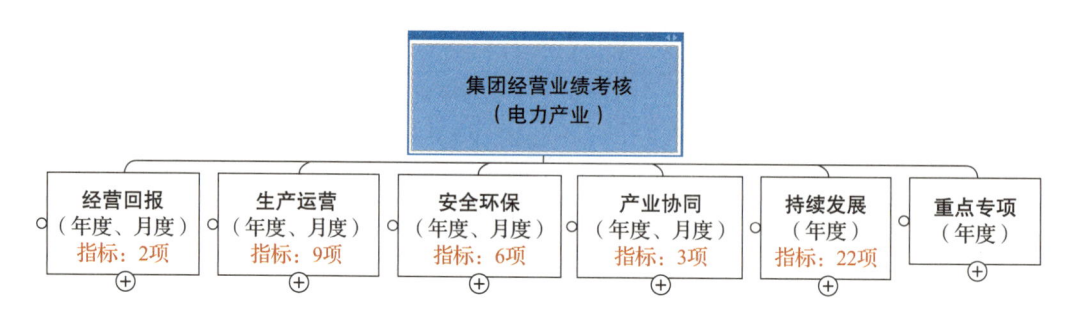

图 5-5 集团公司年度经营业绩考核内容及关联指标

2. 月度经营业绩考核

月度经营业绩考核以保障年度经营目标的实现为基本出发点,对关键年度考核指标体系按月度跟踪,并构成年度经营业绩考核的组成部分。月度经营业绩考核结果的应用由集团公司、区域公司(二级公司)及其所属区域公司(三级公司)自行规定。

(二)组织体系

绩效考核的组织保障体系,纵向划分为集团公司、区域公司和区域公司所属企业(三级公司)三个管理层级;横向则根据部门职责,划分为绩效考核决策和审批机构、审议机构、常设机构、绩效考核归口管理部门和责任部门，形成绩效考核管理的责任矩阵。

（三）业务流程

由于年度绩效考核和月度绩效考核的指标体系、评分方法和规则、评价工作复杂性等有较大差异，绩效考核管理流程分为两类：年度绩效考核流程和月度绩效考核流程（含季度、半年度绩效考核）。

1. 年度绩效考核流程

（1）年度绩效考核指标、评分规则及目标值配置。

①流程说明：每年12月下旬，区域公司绩效考核办公室依据审定后的年度考核内容和目标值，编制年度绩效考核方案和各单位年度经营业绩责任书（即根据年度考核方案制定流程输出）。

本流程承接年度绩效考核方案的考核内容、考核指标、指标评分规则及年度目标值，在经过指标标准化、定量化等处理后，在区域一体化智慧平台的在线经营管控中心进行配置。

②流程范围：本流程适用于区域公司年度绩效考核指标及其评分规则、年度目标值配置活动。

（2）年度绩效考核指标数据整理、初评及审核。

①流程说明：12月上旬，区域公司所属企业（三级公司）上报本单位年度绩效自评报告；来年1月上旬，区域公司相关职能管理部门提供上年度各三级公司考核指标完成情况及考核得分，绩效考核办公室汇总考核信息，形成各三级公司年度经营业绩考核计分初步结果；1月15日之前，绩效考核办公室将年度考核计分初步结果下发各三级公司，各三级公司反馈意见、绩效考核办公室甄别后，形成年度考核结果报审方案。

②流程范围：本流程适用于省公司年度绩效考核结果的上报、汇总、初评、反馈及归口审核。

（3）年度绩效考核结果审批及通报。

①流程说明：1月下旬，绩效考核办公室将考核结果报审方案提交绩效考核领导小组审议、公司党委审定；审定通过后，绩效考核办公室向三级公司通报年度绩效考核结果。

②流程范围：本流程适用于区域公司年度绩效考核结果审议、审批及通报活动，每年进行一次。本流程中大多数环节在线下实施。

（4）年度绩效考核结果应用。

区域公司绩效考核办公室将年度绩效考核结果通报人力资源部、社保中心等相关部门，由人力资源部等相关部门按照经营绩效年度考核办法的相关规定，将该结果应用于三级公司领导班子年度绩效兑现、年度先进单位评选等工作。本项工作在线下实施。

2. 月度绩效考核流程

（1）月度绩效考核指标及规则配置。

①流程说明：与年度绩效考核指标及规则配置流程相似，本流程基于年度绩效考核方案的考核内容、考核指标，确定月度绩效考核的指标；按照月度经营绩效考核管理办法设计指标评分规则，并在区域一体化智慧平台在线经营管控中心进行配置。

本项工作可与年度绩效考核指标及规则配置同步开展，按年度开展。

②流程范围：本流程适用于省公司月度绩效考核指标及规则配置活动，每年进行一次。

（2）月度绩效考核指标的下达。

①流程说明：每月5日之前，区域公司企管经营部、财务产权部、生产技术部等相关职能部门下达区域公司所属企业（三级公司）综合计划、财务预算的目标值（根据集团公司下达时间调整）。对综合计划、财务预算和对标管理的月度考核指标，一体化平台根据月度经营绩效考核规则，设定当月考核指标目标值；对非综合计划、财务预算和对标管理的月度考核指标，区域公司业务归口管理部门填报这类指标的当月考核指标目标值，经区域公司绩效归口管理部门审核后导入一体化平台，作为月度经营绩效考核的依据。

②流程范围：本流程适用于区域公司月度绩效考核目标值设定活动，每月进行一次。

（3）月度绩效考核结果汇总、审核及发布。

①流程说明：根据区域公司月度绩效考核管理办法，每月3日之前，区域公司所属企业（三级公司）提交上月考核指标完成情况（仅限于手工填报指标）；每月8日之前，区域公司相关职能管理部门对三级公司的业绩考核指标完成情况进行审核认定，

并针对三级公司的职能过程评价打分，职能管理部门对三级公司的经营业绩打分和过程评价打分经部门主导领导审批后提交绩效归口管理部门或绩效考核办公室；每月13日之前，绩效归口管理部门或绩效考核办公室拟订三级公司上月考核结果初评方案；每月17日之前，绩效归口管理部门或绩效考核办公室将考核结果初评方案报区域公司绩效考核领导小组审批后予以公布。

②流程范围：本流程适用于区域公司月度绩效考核结果汇总、审批及发布活动，每月一次。

六、经营活动分析

经营活动分析支撑两个层面的业务需求。一方面，在年度内，经营活动分析模块按主题提供与经营活动分析报告相关的定量数据，包括报告期内宏观经济、行业运行情况、市场环境、经营情况、主要经济技术指标完成情况等。另一方面，在月度计划和预算指导下，经营活动分析模块针对关键生产经营活动，以更小的组织单位、时间颗粒（如日）监督统计实际执行情况，支持关键生产经营活动的计划和预算执行统计结果反馈、偏差预警等功能。

（一）主要业务

经营活动分析以综合计划和预算为基础，以关键生产经营活动为核心，从多层面全面分析和揭示影响综合计划和预算实现的因素的基本情况、未来趋势及其对计划和预算的影响程度等。

经营活动分析按周期可以划分为日分析、周分析、月度分析、季度分析和年度分析，其中经济及市场环境（宏观）和生产及经营情况（中观）适用于月度分析、季度分析和年度分析，关键业务活动情况（微观）则适用于日分析、周分析。

（二）组织体系

经营活动分析的组织保障体系参照综合计划和财务预算的组织体系，按分析主题的归口管理职责确定经营活动分析责任主体，主体职责包括以下内容。

（1）及时发现、分析指标异常的经济活动情况，并协调相关部门应对处置。

（2）按照公司经营活动分析相关管理制度，组织编制经营活动分析报告。

（3）根据管理需要，组织特定事项的专题分析。

（4）跟踪、反馈改进建议和意见的执行情况。

（5）对经营活动分析的数据需求、来源等提出建议。

除经营活动分析责任主体外，经营活动分析的组织保障体系中还包括经营活动分析数据（主要是外部数据）收集、整理、维护等职责分工。经营活动分析的数据治理职能可由指定部门统一管理，也可由经营活动分析责任主体分别管理。

（三）业务流程

经营活动分析涉及的流程包括：确定分析主题、定义分析主题相关的数据需求、分析主题数据治理需求审批、建立经营活动分析模型、收集主题数据、监测展示和提供分析结果。经营活动分析是基于数据驱动的分析工作，大多数业务流程环节在线下实施，经营活动分析关联指标及模型在在线经营管控中心—经营活动分析模块配置。

经营活动分析关联指标及其数据、模型纳入区域一体化智慧平台的数据层、模型层统一管理，需遵从区域一体化智慧平台数据治理的流程和制度。

（四）表单及模板

经营活动分析涉及的表单及模板主要是经济活动分析的主题与报告，以及辅助经营决策分析报告。

1. 经营活动分析主题及内容

经营活动分析主题及内容如图 5-6 所示。

2. 辅助经营决策

辅助经营决策是基于在线经营管控中心的数据基础，立足经营分析和决策支持的应用需求，通过指标扩展、模型设计等方式，为企业管理部门和决策机构提供支撑。辅助经营决策是在线经营管控中心的拓展应用，现阶段，辅助经营决策重点开展多维度盈利分析。

多维度盈利分析以营业收入、营业成本、利润总额、净利润、经济附加值（EVA）等核心财务指标为基础，提供基于组织或特定对象（如机组、产品、项目等）的盈利状况、盈利趋势等报告的生成、展示、查询等功能。

多维度盈利分析一般按照确定分析维度和主题、建立分析模型、制定数据标准，以及收集、加工数据、编制分析报告、盈利分析结果应用等程序进行，但多维度盈利分析也属于数据驱动型应用，它的大多数流程环节在线下实施。多维度盈利分析的

第五章 一体化运营管控应用

宏观市场与综合计划
- 全国及区域的电力供需情况（包括全社会用电情况、工业及制造业用电量情况、发电生产情况、跨区跨省送出电量情况、新增装机情况、电力市场交易情况等的累计值、当期值）
- 企业综合计划完成情况（包括各项计划完成进度、累计指标偏差情况、对标指标累计完成情况等）
- 企业综合计划指标实时监测（包括各项计划月目标累计完成值、累计完成进度、逐月完成情况等）

资本市场与财务状况
- 债权融资成本情况（包括不同期限基准利率走势、区域银行融资成本情况等）
- 企业财务预算完成情况（包括各项预算指标年目标累计完成值、累计完成进度、逐月完成情况、累计考核排名、预算考核排名、预算考核排名、预算考核排名、差情况等）
- 企业财务预算指标实时监测（包括各项预算指标月目标累计完成值、累计完成进度、逐日完成情况（模拟）等）

煤炭市场与燃料管理
- 原煤及油品市场生产及价格走势情况（包括原煤产量、原油加工量、电煤采购价格指数等的累计值、当期值）
- 企业燃料耗用完成情况（包括燃料管理的计划、预算完成情况，累计完成值，逐月完成进度，逐月完成情况，对标指标偏差情况等）
- 企业燃料管理指标实时监测（包括燃料指标月目标累计完成值，累计完成进度，以及对标指标排名、逐日完成情况等）

项目管理
- 企业项目管理指标完成情况（按月统计，包括各类项目建设状态、年投资预算累计完成进度、逐月完成情况、对标指标偏差情况等）

新能源产业
- 新能源产业发展趋势
- 新能源产业综合计划、财务预算等指标完成情况（包括各项指标年目标累计完成值、累计完成进度、逐月完成情况、对标指标偏差情况等）
- 新能源产业指标实时监测（包括各项指标月目标累计完成值、累计完成进度、逐日完成情况等）

化工产业
- 化工产业供需情况
- 化工产业综合计划、财务预算指标完成情况（包括各项指标年目标累计完成值、累计完成进度、对标指标偏差情况等）
- 化工产业指标实时监测（包括各项指标月目标累计完成值、累计完成进度、逐日完成情况等）

完全安全生产与环境保护
- 企业安全生产与环境保护指标完成情况（包括各项技术经济指标年目标累计完成值、累计完成进度、对标指标偏差情况等）
- 企业安全生产与环境保护指标实时监测（包括各项技术经济指标月目标累计完成值、累计完成进度、逐日完成情况等）

图 5-6 经营活动分析主题及内容

107

数据、指标和模型纳入区域一体化智慧平台的数据层、模型层的管理范畴，遵循平台数据治理流程和制度，如图 5-7 所示。

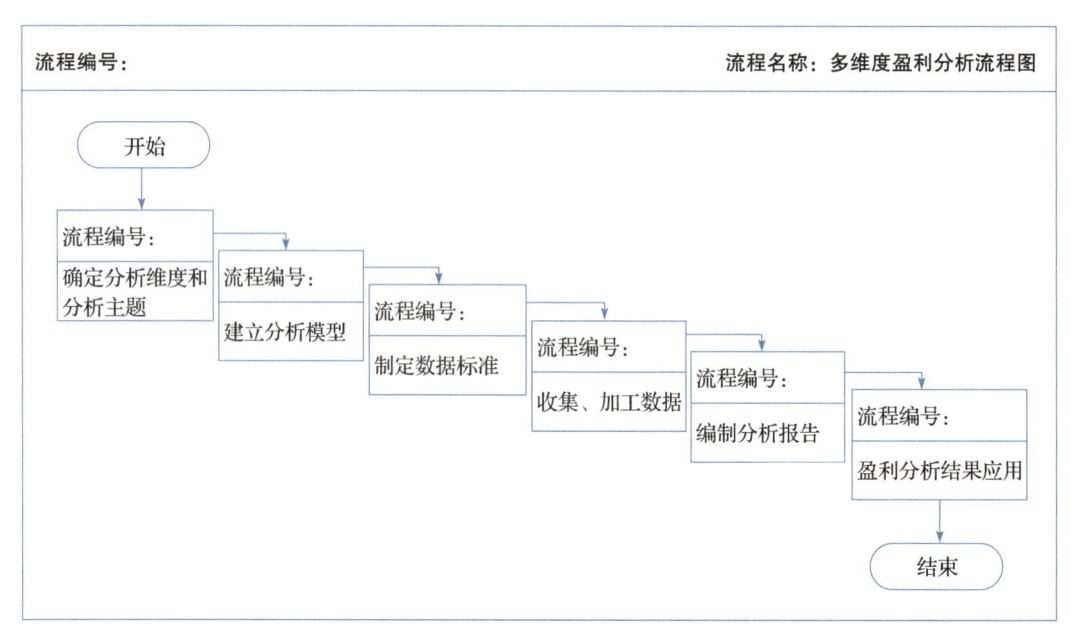

图 5-7 多维度盈利分析流程图

多维度盈利分析涉及的表单和模板主要包括分析数据源、盈利分析模型等，如图 5-8 所示。

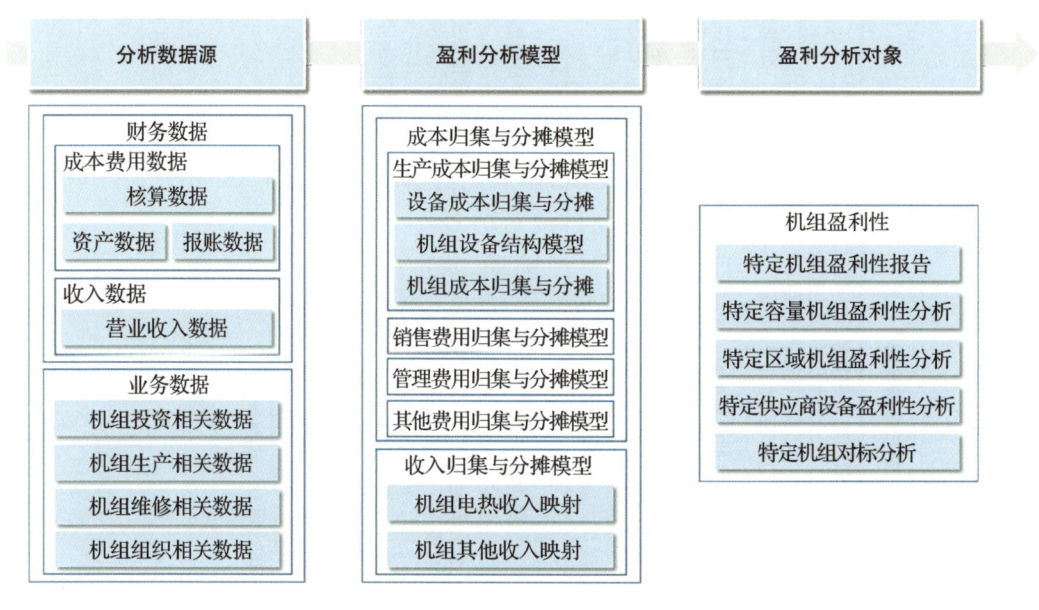

图 5-8 多维度盈利分析涉及的模板

多维度盈利分析涉及的数据如表 5-9 所示。

表 5-9　多维度盈利分析涉及的数据

数据大类	数据类型	数据来源	数据用途
收入数据	收入核算数据	财务收入核算	盈利分析收入部分的归集与分摊主体
	两个细则结算报表	业务结算报表	盈利分析收入归集与分摊的补充数据
	其他结算报表	业务结算报表	盈利分析收入归集与分摊的补充数据
成本费用数据	成本费用核算数据	ERP 系统	盈利分析成本费用部分的归集与分摊主体
	报账数据	ERP 系统	盈利分析成本费用归集与分摊的补充数据
分摊动因数据	资产数据	ERP 系统	资产相关成本费用的归集、分摊模型动因
	组织相关信息	人力资源系统	人力相关成本费用的归集、分摊模型动因
	燃料相关数据	业务系统	燃料相关成本费用的归集、分摊模型动因
	项目投资相关数据	ERP 系统	财务费用等投融资成本相关成本费用的归集、分摊模型动因
	设备维修相关数据	ERP 系统	维修相关成本费用的分摊模型动因
	生产业务量等相关数据	业务系统	收入或成本费用归集与分摊的补充数据
	设备相关性能数据	业务系统	收入或成本费用归集与分摊的补充数据
	其他业务数据	业务系统或报表	收入或成本费用归集与分摊的补充数据

在盈利分析报告中，收入和成本费用分项明细示列，包括收入、成本费用总额，以及生产成本总额、销售分摊额度、管理费用和其他费用分摊额度，以及逐项占收入、成本的结构比例等。

第四节　设备虚拟诊断中心

通过实时采集电厂主机和重要辅机的运行状态参数和主要指标数据，集中专家资源优势，利用成熟的诊断模型和机器学习技术，对生产过程数据进行远程实时分析和诊断。通过对发电生产设备与系统运行特性的深入研究，建立设备故障分析模型和知识库，对故障工况的特征和模式进行自主提取，通过对未来设备故障工况的分类识别和趋势预测，支撑设备故障的早期预警、故障诊断、劣化分析和健康状态评估。

一、设备运行监控

基于采集实时数据，对火电机组主要转机和重点设备监控参数进行关联状态分析，根据状态趋势变化情况对超出正常变化范围的参数变化进行设备早期故障预警。设备运行监控主要包含以下设备：汽轮机、锅炉、给水泵、凝结水泵、循环水泵、一次风机、送风机、引风机、磨煤机等。

（一）汽轮机监控参数

汽轮机监控参数包括汽轮机主汽温度、压力、流量，排汽压力，汽轮机转速，高压调门开度，调节级压力、温度，各抽汽段压力、温度，高压内缸、外缸温度，汽轮机轴承、轴瓦温度，汽轮机轴承水平、垂直振动，汽轮机胀差、汽轮机轴向位移，汽轮机汽封温度、压力，润滑油压力、温度等。

（二）锅炉监控参数

锅炉监控参数包括锅炉主蒸汽压力、主蒸汽温度、主蒸汽流量，入炉煤量，二次风温度、压力，磨煤机运行台数，磨煤机出口风温、风速，炉膛负压，炉膛出口压力、温度，汽包压力、水位，炉膛各受热面壁温，排烟温度、氧量、NOx 浓度等。

（三）给水泵监控参数

给水泵监控参数包括给水泵电流，给水泵出口压力、温度、流量，给水泵轴承温度、振动，给水泵轴承温度，给水泵润滑油温度等。

（四）凝结水泵监控参数

凝结水泵监控参数包括凝结泵电流，凝结水泵出口压力、温度、流量。

（五）循环水泵监控参数

循环水泵监控参数包括循环水泵电流，循环水泵出口压力、温度。

（六）一次风机监控参数

一次风机监控参数包括一次风机电流，一次风机动叶开度，一次风机出口风压，一次风机轴承温度、振动，一次风机润滑油温度、压力。

（七）送风机监控参数

送风机监控参数包括送风机电流，送风机动叶开度，送风机出口风压、风温，送风机轴承温度、振动，送风机润滑油温度、压力。

（八）引风机监控参数

引风机监控参数包括引风机电流，引风机动叶开度，引风机入口、出口压力，引风机轴承温度、振动，引风机润滑油温度、压力。

（九）磨煤机监控参数

磨煤机监控参数包括磨煤机电流，磨煤机进煤量，磨煤机差压，热一次风门开度、冷一次风门开度，粗粉分离器转速或挡板开度，磨煤机出口风粉混合温度，一次风管风速，密封风与一次风差压，磨煤机轴承温度，磨煤机振动，磨煤机润滑油温度、压力等。

二、故障预警

通过对电站设备及系统参数进行实时监测，以实时数据为依据计算与分析机组运行状况。通过对影响机组安全性、经济性的关键性指标进行在线计算，对其发展变化趋势进行提前预测，产生预测性报警，并明确给出其节能降耗潜力，以便运行人员提前采取措施进行合理调整，最大限度地避免参数越限情况的发生，达到提高机组效率、降低煤耗的目的。

故障预警采用机理建模、数据分析、人工智能等方法，根据设备运行状况或参数本身的变化趋势，在故障发生的早期或潜在阶段，提前发现异常并发出故障预警，便于消除系统运行的潜在隐患。故障预警主要涉及以下设备：汽轮机、给水泵、凝结水泵、循环水泵、锅炉本体、一次风机、送风机、引风机、磨煤机、空预器等。

（一）预警算法

1. 数据降维方法

采用数据降维方法，在不损失参数太多原有信息的条件下，根据多个原变量构造出较少的新变量，从而简化问题，通过对新变量的分析进行故障预警。

2. 统计分析方法

（1）选择与设备运行状态密切相关的特征参数，根据长周期历史数据分析设备状态和特征参数的相关性，建立故障概率模型。可使用设备的特征参数值和概率分布判断当前的状态及预测未来故障，实现故障预警。

（2）该方法需要对设备的历史运行数据进行分类，尤其要对故障的发展程度进行分类。准确判定设备在不同状态下的概率分布需要大量的历史故障数据，包括故障发展阶段的数据及故障发生后的数据。

3. 多元状态估计方法

可利用电厂海量的历史数据，在充分考虑电厂设备动态变化的多耦合性的基础上，采用多元状态估计方法建立电厂设备的动态估计模型，生成相似度曲线，根据设备相似度的变化判断并发布潜在故障的早期预警。

4. 特征参数选择方法

（1）可通过研究设备故障发展过程选择特征参数，并找出其随故障发展变化的规律。该规律可通过故障模拟实验或者故障机理的研究来实现。

（2）设置不同特征变量在设备正常运行情况下所处的数值范围及在故障发展初期的阈值。当特征参数在运行中超出了所设立的故障阈值，可以认定设备即将出现故障，并发出预警。

（3）该方法适用于设备异常特征比较明显的情况。

5. 机理建模方法

（1）可采用精确的热力学机理建模，得到生产过程的1∶1镜像热力学模型，根据质量、热量、能量平衡及物质平衡的矩阵运算得到关键参数的合理计算值。比较实际运行的参数值与合理计算值，若偏差较大则发出预警。

（2）可在镜像热力学模型上进行加速计算，预测机组未来运行状态，提前对运行人员给予预警提示和操作指导。

（3）可在镜像热力学模型上进行故障模拟仿真，得到大量故障样本数据。在此基础上采用机器学习方法进行模型训练，得到故障预测模型。可在实际运行中采用故障预测模型进行预警。

（二）人工智能方法

1. 基于正常工况的参数预警

（1）可采用如 BP（反向传播）、LSTM（长短期记忆网络）等神经网络法，对正常运行参数的大量历史数据进行研究，估计出不同工况、条件下参数正常运行的合理区间，在实际参数超出合理区间时提醒运行人员，避免情况进一步恶化。

（2）针对工艺系统运行参数测点、设备出口参数测点等类型参数，可采用神经网络参数预警。

2. 基于正常工况的设备状态预警

（1）可采用如 BP、LSTM 等神经网络方法，对设备相关的历史数据进行研究，构建不同工况下的设备运行模型，将设备实际运行参数与模型输出进行多维比对，实现设备故障早期预警。

（2）可进行预警的设备包括重要辅机（如磨煤机、风机、凝结水泵等）、相对独立的各分系统等。

3. 基于故障样本的设备故障预警

（1）可采用如 BP、LSTM 等神经网络方法，对故障发生前系统记录的相关数据进行建模与特征分析，在下次相同特征出现时提前识别并预警。这些方法具有较高的故障辨识度。

（2）基于故障样本的神经网络预警适用于故障较频繁发生的情况，如锅炉结焦、给煤机断煤等。

4. 基于专家系统的故障树推理预警

（1）可基于专家系统的故障树，在特定工况触发时根据故障树与相关参数实时值、设备状态，推理故障工况未来的演变路径，并进行提前预警。

（2）基于专家系统的故障树推理预警，适用于工艺系统运行异常的情况。

三、故障诊断

实现对机组主辅机设备的动态监测，通过构建设备特征模型、建立设备健康状态知识库，实现机组和设备的故障诊断与预警。故障诊断要建立故障信息的逻辑和推理模型，实现对故障告警信息的分类和过滤。在故障发生后及时确定故障范围，评估故障的影响与可恢复性。实现对工艺过程的运行状态进行在线实时分析和推理，自动报告异常，并对出现的故障提出处理指导意见。结合巡检、点检、精密点检等主要监测手段，实现对全部主设备、关键辅助设备、关键控制装置和设备的状态监测与故障诊断功能，为状态检修奠定基础。

（一）故障诊断技术

1. 基于先进监测技术的故障诊断

可采用频谱、电磁、射线、红外探测等技术，监测出设备状态变化规律和故障特征，用以识别状态和定位故障。

2. 基于机理建模的故障诊断

应建立基于多种典型性工况下的设备特征模型，利用故障所对应的征兆，实现对异常工作状态的快速诊断，对运行设备进行全方位的诊断管理。

3. 基于数据分析的故障诊断

可通过数据分析相关算法，对火电厂设备长周期的数据样本进行研究和统计分析，分析设备劣化趋势，判断设备是否存在早期异常，并对出现异常的部件进行诊断和分析。

4. 基于专家系统的故障诊断

将专家的专业知识和丰富经验、运行规程、设备设计资料等固化为故障知识库，故障知识库应有足够多的故障识别规则，保证对各种故障类型判断的准确度，通过推理分析方法，对设备故障进行识别诊断，并给出严重程度和维修建议。

5. 基于人工智能的故障诊断

（1）可采用如 BP、LSTM 等神经网络算法，对设备相关的历史数据进行研究，构建不同工况下的设备运行模型，将设备实际运行参数与模型输出进行多维比对，实现设备故障诊断。

（2）可采用如 BP、LSTM 等神经网络算法，对故障发生前系统记录的相关数据进行建模与特征分析，在下次相同特征出现时进行识别和诊断。

（二）故障诊断业务

故障诊断基于模式识别、机器学习和专家系统等方法，实现对工艺系统、设备运行状态和控制系统的在线监测及故障诊断,可进一步给出故障处理操作指导,或进行故障自动处理,实现设备和功能故障的自动修复,提高监控效率和生产安全性。

故障诊断包括汽轮机监测诊断、大型转机监测诊断、设备性能劣化诊断、其他常见故障诊断四个部分。

1. 汽轮机监测诊断

(1)实时在线监测。

①可利用 TSI 系统的数据,进行汽轮发电机组振动和轴系各种动静间隙的实时计算,以透视的方式实时监视汽缸内高速转动的各转子的运行状态。

②可高精度显示各转子的动态间隙变化,包括各轴颈处的油膜厚度,盘车状态下的大轴顶起高度,各轴封间隙、各隔板汽封间隙等。

③可根据间隙变化和振动情况,以不同的颜色表示汽轮机的不同状态。

(2)智能故障诊断。

①可根据建立的汽轮机故障知识库,分析汽轮机常见的不平衡、不对中、油膜涡动、气流激振、部件脱落、松动和碰磨等故障。

②可通过 TSI 系统参数收集,建立汽轮机振动模型,依靠各种信号分析结果,自动计算常见振动故障的可信度,结合影响故障的转速和负荷等因素,确定故障的严重程度,直接实时显示故障严重程度和变化趋势。

(3)运行指导和故障处理。

①可根据振动、转速、负荷和温度等的内在联系,自动给予机组启动、停止或继续运行的建议。

②可通过监测汽轮机转速及对高频扭振信号的分析,及时预警运维人员采取可靠措施。

③可通过扭振监测模块,及时发现次同步故障及故障的先兆,并提前预警,准确指导运维人员及时调整运行参数。

④可通过可视化监测油膜厚度及转子顶起高度,精确调整各轴瓦的载荷分布及偏心率,避免油膜形成不良或断油而导致的烧瓦事故。

2. 大型转机监测诊断

(1)可采用超声波、红外探测等技术,通过采集大型转机机械设备的振动、运转等数据,实时监测大型转机的运行状态。

(2)可根据转机故障知识库给出分析诊断结果,及时报告机械设备的运转情况,并提供维护检修建议，协助设备管理人员制订科学的检修计划。

（3）大型转机可视化监测诊断宜包括六大风机、锅炉给水泵、凝结水泵、循环水泵等设备。

3. 设备性能劣化诊断

可通过数据分析相关算法，对火电厂设备的数据样本进行研究和统计分析，对设备进行早期诊断，分析设备劣化趋势。可结合实际需求逐步采用但不限于以下设备。

（1）磨煤机出力下降诊断。

通过磨煤机的运行状态参数，按照实际给煤量进行分工况数据分析，对典型工况下的磨煤机出力特性建模进行磨煤机出力下降情况的诊断分析。

（2）SCR及空预器堵塞情况诊断。

通过对空预器在不同运行方式下的烟气压差、温降等指标进行统计分析，对SCR及空预器的堵塞情况进行状态监控和在线诊断。

（3）水泵风机出力下降诊断。

对水泵全压和扬程、各风机进行在线监测，实时反映水泵、风机的出力能力，对相应设备典型工况下的能耗进行长周期统计和数据分析，诊断水泵、风机的运行性能下降问题。

（4）凝汽器换热效果下降诊断。

根据影响凝汽器运行状态的边界影响因素，开展全景历史数据的工况划分，统计可比工况下的凝汽器真空、端差等换热性能指标，综合进行凝汽器换热性能诊断。

（5）汽轮机效率下降诊断。

对高、中、低压缸效率进行在线计算，基于典型工况设备性能长期跟踪方法，诊断各缸效率下降问题，进一步分析导致汽轮机效率下降的原因。

（6）除尘效率下降诊断。

通过对除尘器运行方式和运行状态、燃煤灰分进行分类和工况划分，对除尘器进出口粉尘浓度、除尘效率进行典型工况统计和长周期数据分析，综合诊断电除尘运行性能的劣化情况。

（7）吸收塔喷淋堵塞诊断。

对喷淋塔及相关辅机设备运行状态进行分析，建立能耗状态与脱硫效率之间的对应关系，综合判断喷淋塔堵塞状况，提醒运行人员采取干预措施。

4. 其他常见故障诊断

在各类设备监测数据的基础上，可采用或组合采用先进监测技术、机理建模、数据分析、专家系统、神经网络等方法，对常见故障进行识别和诊断，进一步给出故障处理操作指导，或进行故障自动处理，应至少包括以下常见故障诊断。

（1）制粉系统：包括磨煤机满煤、给煤机断煤、给煤机皮带打滑、磨煤机油站故障、磨煤机相关调门连杆脱落等。

（2）风烟系统：包括风机失速、风机油站故障、密封风机故障、风机执行机构连杆脱落等。

（3）汽水系统：包括给水泵倒转、给水泵油站故障、闭冷水系统故障、高加泄漏、低加泄漏、凝结水泵变频器故障、辅机循环水系统故障等。

（4）汽轮机及辅助系统：包括主机润滑油系统故障、EH油系统故障、定冷水系统故障、汽轮机高中压调门门杆断裂、汽轮机高中压调门伺服阀堵塞、汽轮机进水或进冷气等。

四、健康评估

通过对重要设备的历史运行数据进行特征挖掘，结合设备固有属性等历史档案，建立基于多种典型性工况下的设备健康特征模型，作为设备健康评估的基础。

健康评估是通过比对实时特征数据与特征模型，形成健康诊断分析报告，从多个维度给出综合评估，为电厂生产运行、检修和管理人员提供生产决策支持。应结合技术监督数据，对技术监督异常指标进行自动分析和统计，自动生成设备健康评估或故障分析诊断。应具备在线仿真评价功能，通过建立精细化仿真模型，利用机组实际运行数据信息，实现机组设备运行在线安全监控、故障诊断及运行优化指导等功能。

（一）设备状态评估

1. 控制回路品质评估

采用控制指标评价相关算法，通过对控制回路动态数据的分析，量化当前控制系统的控制性能（如计算系统输出方差），根据预设的基准对当前的控制性能进行评价。实时计算并监控机组主要控制回路的调节品质状态，指导分析品质差的原因，如不当的控制器参数调整、设备故障、低效或无效的前馈补偿等。

2. 执行机构性能评估

根据执行机构以往的故障现象和运行人员的经验，建立执行机构性能判断专家库。根据专家知识库，对机组主要执行机构（调门）的工作状态进行实时计算并监控，如卡涩、连杆及反馈杆脱落等，给出分类提示及画面展示，供检修和运行人员参考。

3. 锅炉受热面评估

采用机理建模、数据分析等技术，对锅炉高温受热面气温、壁温进行动态校核。动态计算显示应力、超温和管内氧化状态、炉内各受热面吸热偏差，实时显示烟气侧吸热偏差曲线、受热面的积灰与结渣情况。实现超温统计、热偏差甄别、氧化寿命的监测、预警与优化调整指导。其中，通过锅炉结焦评估构建受热面污染程度模型，根据模型分析及运行经验制定锅炉结焦评分指标，确定不同负荷段下的蒸汽温度、烟气温度等参数与结焦评分的函数关系，实现锅炉结焦评分的实时趋势、小时均值显示及预警功能，并指导运行人员开展吹灰、除焦、抗焦等工作。

4. SCR 与空预器堵塞程度评估

构建空预器堵塞程度模型，根据模型分析及运行经验制定空预器堵塞程度指标，确定分级并提供相应的处理措施。

5. 工质与能量平衡评估

监控、整合全厂数据，进行水、热、电、燃料平衡情况的集中监测，采用数据可视化方法对工质与能量平衡情况进行展示，提升监测效果，包括电平衡监控、热平衡监控、水平衡监控和燃料平衡监控。

6. 高低压配电监控

在高低压开关柜及变压器前端设备内植入传感器，建立高低压开关设备、变压器的智能监控系统，实时监控高压柜内主要元器件及变压器的质量状态和回路运行状态，实现电气回路运行数据的监控、设备质量状态自诊断和预警。根据系统的电能损耗数据、DCS 系统（分散控制系统）的其他能源测量数据，进行系统性的能耗评估，发现能耗异常问题。

（二）设备健康评级

在建立设备故障预警的基础上，通过对设备健康状态的历史工况进行大数据模型分析、人工智能模拟等，实现对设备健康、安全、性能等的在线感知计算和状态预测分析。根据设备可靠性、设备全寿命周期数据系统自动判定设备健康等级，定期、不定期生成设备健康分析报告及检修建议，并自动推送至业务部门和电厂，起到早期预警、预测的作用。

（三）辅助设备检修计划

根据设备健康分析报告及检修建议，对实时状态监视、巡点检信息及设备的缺陷维护记录做进一步的判断，对是否进行检修及何时进行检修提出建议，辅助制订状态检修计划。电厂收集整理全过程资料形成设备故障案例，并更新设备策略库，形成闭环管理。

（四）设备故障案例

在故障预测的基础上，以不同机组的历史数据作为输入，包括机组传感器收集的时间序列数据、事件记录数据（如报警）、技术故障与维修数据（包括问题描述、维修方案、维修结果等）等，使用一系列数据分析方法，包括机器学习、自然语言处理（NLP）、案例推理（CBR）等，为潜在的技术故障寻找历史数据中的相似案例或相关解决方案，并将对应的解决方案推送给业务人员。

第五节 共享协同发展中心

基于集约管控、共享服务的理念，突破传统业务条块束缚，消弭与核心资源相关的信息壁垒，强化对企业资源服务保障的整体把握能力。通过把生产运营计划、调度、执行的高度集中和对各发电公司生产运营信息的及时掌握，从市场和供应链的视角贯通企业完整的经营业务体系，平衡各要素需求和约束，制订总量目标，确定生产经营优化策略，实现电力交易计划、发电计划、燃料需求与供应计划，以及检修计划、物资需求与采购计划等各项计划的制订、执行全过程的统筹与协同。以运营效益最大化为原则，依托统一的数据资源（数据湖），基于相应的一体化业务协同模型，实现发售电热协同、电煤供应协同、物资采购协同、检修维保服务协同、人才共享协同，如图 5-9 所示。

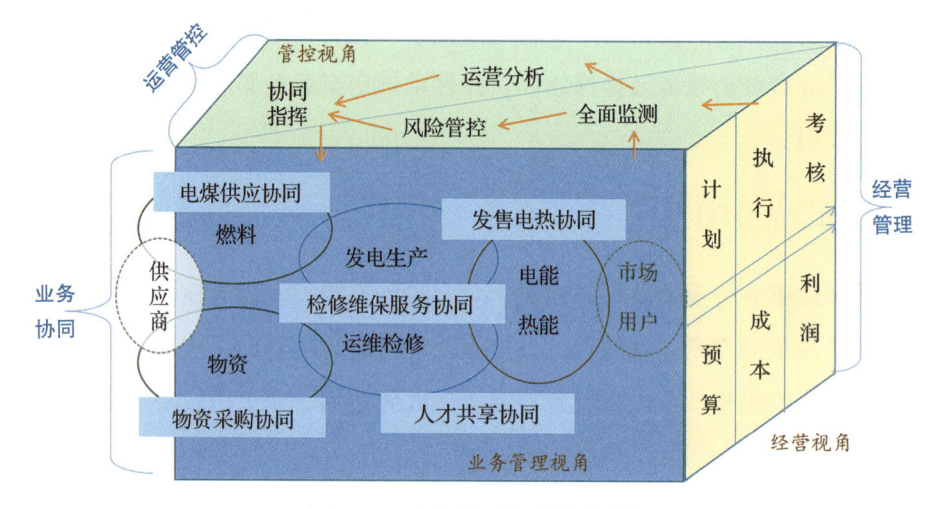

图 5-9 一体化共享协同示意图

一、电煤供应协同

电煤供应协同的核心是从燃料全价值链管理的角度，根据煤矿的资源情况、运输情况、各机组对煤种煤质的适应情况，以及因煤质变化引起的安全环保和设备损耗隐形成本分析等，通过"两个匹配"（煤质与炉型的匹配、煤质与矿点的匹配）的分析，建立精准的分析和评价机制，实现电厂的煤质稳定和供应稳定。同时协同平衡发电计划、燃料库存和需求、燃料供应和价格等要素，把显性和隐性成本都管控住，形成一套煤源稳定、调运合理、掺配经济的电煤供应一体化协同体系，实现公司整体效益最大化。

（一）电煤协同分析模型

1. 市场信息收集与分析模型

市场信息收集与分析指通过爬虫技术，将 CCTD（中国煤炭市场网）、CCI（煤炭价格指数）等煤炭市场信息指数抓取到系统，便于管理人员及时了解市场行情，为区域公司了解市场情况、分析决策提供支持。数据来源方式为系统自动采集于中国煤炭市场网，主要包括以下内容。

（1）环渤海动力煤价格指数 BSPI。

（2）CCTD 秦皇岛动力煤现货价格。

（3）全国电煤价格指数。

（4）沿海煤炭运价指数。

（5）全国产运销数据。

（6）国际三港指数。

（7）波罗的海综合运价指数。

（8）动力煤期货走势。

2. 燃料成本因素分析模型

对各电厂燃料成本因素进行分析，其中显性要素包括采购、物流、接卸、存储、掺配、磨细、除尘、除灰渣、脱硫、脱硝、灰渣石膏处置、相关废水处置等成本要素，隐性要素包括厂用电率上升、锅炉效率降低（供电煤耗升高）、环保设备处置能力增大、设备维护费用升高等成本要素。燃料成本因素分析主要包括以下内容。

（1）发电燃料总成本变动影响因素分析。

（2）发电单位燃料成本变动影响因素分析。

（3）入厂标单变动影响因素分析。

（4）入炉标单变动影响因素分析。

（5）各单位对公司标煤单价影响因素分析。

3. 煤质与炉型的匹配分析模型

煤质与炉型的匹配分析模型指以保障电厂"煤质稳定"为目标，主要针对每个电厂不同的设备及生产情况（不同的炉型、工况、负荷），统计分析对燃料的需求参数。根据从电厂收集的实际燃烧和掺配数据，持续调适并全面科学评价电厂对燃料的实际需求，改变传统单纯拿锅炉的设计煤种、校核煤种来认定的模式，通过对锅炉、环保设施、相关辅机和发电曲线要求，结合以往运行参数进行综合评价，从而构建科学的煤质与炉型的匹配分析模型。

（1）基于生产数据，分析不同炉型在不同负荷工况下对标煤的需求参数。

（2）基于掺烧数据，分析不同炉型在不同负荷工况下与煤质的匹配度。

4. 煤质与矿点的匹配分析模型

煤质与矿点的匹配分析模型指以保障电厂"供应稳定"为目标，主要针对每个电厂的不同位置、不同的运输条件、获取燃料的不同禀赋，以降低运输成本和存储成本为目标，确定主力煤种的矿点。在此基础上，根据掺配需要及经济运输方案确定其他煤种的矿点，最终实现煤质和矿点基本匹配。

（1）依据各厂机组和煤质的匹配度分析，确定最经济的煤种，选取主力煤种矿点。

（2）依据燃料需求和掺配需要及经济运输方案，确定其他合适的煤种矿点。

（二）年度电煤协同

年度电煤协同指依据电煤协同分析模型的分析结果，对各厂年度煤炭需求订货计划进行调整，并审批最终计划。

1. 年度计划调整

依据市场信息分析、各厂燃料成本因素分析、煤质与炉型的匹配分析、煤质与矿点的匹配分析的结果，同时结合环保投入、维修投入及因煤质问题造成设备不可靠引起的电量损失等分析，确定最经济的煤种和最合适的矿点，并对各厂的年度煤炭需求订货计划进行调整。

2. 年度计划审批

年度计划审批主要用于燃料计划的预控管理，包括实现年度煤炭需求计划、订货计划的汇总审核（审批），以及年度入炉综合标煤单价测算表审批。支持计划的上报、查询、通过、回退、导出、下达等功能；其中，点击通过报表中已选择的单位后状态显示为已通过，点击回退状态则显示为已回退并通知对应电厂，选择导出则导出该报表。

（三）月度电煤协同

月度电煤协同指依据各厂基于生产需求、库存情况、年度指标完成进度等情况编制月度计划，并结合电煤协同分析模型的分析结果，对月度计划进行调整并审批。

1. 月度计划调整

月度计划实质是对年度计划预控指标的分解，依据各厂基本生产需求、库存情况、年度指标完成进度等情况，形成初步月度计划。以此为基础，依据当期市场信息分析、各厂燃料成本因素分析、煤质与炉型的匹配分析、煤质与矿点的匹配分析的结果，确定最经济的煤种和最合适的矿点，并对各厂的月度煤炭需求订货计划进行调整。

2. 月度计划审批

将各电厂上报的月度计划汇总形成公司月度计划及煤炭储备指导计划表，并对调整后的各厂月度计划进行审批下达。支持月度计划的上报、查询、通过、回退、导出、审批、下达等功能；其中，点击通过报表中已选择的单位后状态显示为已通过，点击回退状态则显示为已回退并通知对应电厂，选择导出则导出该报表。

（四）燃料供应管控

1. 燃料购销合同

燃料购销合同依据各厂年度电煤计划、月度电煤计划，结合电力交易计划、发电计划、供热计划进行审核（审批）和签订。购销合同的签订，在满足生产经营的同时，须符合法律及管理流程，作为后续业务执行、结算的依据。

燃料购销合同按履约时间，可分为年度长协、月度现货；按签约方式可分为计划合同、竞拍合同；按计划来源可分为计划内合同、计划外补充合同。对不同合同类型，设置不同的管理流程，并提供不同维度的分析统计报表。

CRM（客户关系管理）系统燃料购销合同由两部分组成：一部分是文本合同，经过法律事务部审定后，作为制式合同固化管理；另一部分为煤质奖罚电算化条款，根据煤源矿点煤质特点、锅炉特性拟定考核指标，结合市场供应行情制定奖罚标准。

为简化合同事项，集团内或区域一体化单位间燃料购销业务，合同由一方起草发起，自动生成关联单位合同。按照结算方式，条款由结算发起方录入，双方共同确认、共同参与审批流程，合同同时生效并关联管理。

2. 燃料调运计划

燃料调运计划是根据各厂签署的燃料购销合同、煤源产能，为有序衔接燃煤采购与生产，结合电力交易计划、发电计划、供热计划、煤质与炉型的匹配等因素制订。

燃料调运计划由调运计划管理、国铁请批车管理、装车管理、运输管理等多个环节组成。对已使用TSW系统的集团内销方，在物权交割前通过TSW系统信息共享运输信息，物权交割后至到厂时段的运输信息，由购入单位衔接录入；对未能共享运输信息的供货方，从启运至到厂整个时段内运输环节的信息，均由购入单位录入。调运信息共享有利于提高区域一体化电厂间燃料调配的及时性。

调运计划管理主要包含年计划、月计划及日计划的编制及下达。计划编制涉及国家能源集团战略规划部、生产指挥调度中心、煤炭生产单位、销售集团、铁路单位、港口单位和船运单位及区域一体化相关管理部门。计划编制过程综合考虑生产、库存、装车、铁路运输、销售需求、流向、港存、船舶动态等具体情况，合理编制，相关单位共同确认。

国铁请批车分为月请批车计划、日请批车计划。区域一体化调度人员汇总平衡需求后，在国铁12306系统提报国铁月、日请批车计划。监装人员根据国铁批复计划执行装车管理。

装车管理分装车调运管理、装车作业管理。装车调运管理指在调运计划确定的装车计划、资源计划等指导下组织装车调运。监装单位调度人员依据批复的装车日计划制订装车作业计划，明确装车站点、煤炭来源、供应商、煤种及车型等信息。

装车作业管理指装车站监装人员根据监装单位调度下发的匹配阶段计划组织现场装车，并记录装车数据信息及来煤基本信息，便于后续掺配、接卸、验收、堆放等。监装人员结合提报的资源计划与装车完成情况，进行装车日计划与完成情况分析、对比。

运输管理包含列车运输编组、甩车、分流及交重过程，并将交重计划通知相关单位。

3. 燃料接卸车

区域一体化单位燃料购销业务，在燃料调运计划协同指导下，共享各厂燃料接卸车信息，及时更新运输信息，便于车辆调运计划的安排。

各厂燃料接卸车协同涵盖运输过程中各中转站点至到厂全链条。在各接卸站点，须做好接卸数量、运损、采样、留存样登记及第三方计量、商检等信息管理。为保证数据真实性，具备条件的，直接取相关计量设备、化验设备数据信息作为计量、化验值。对燃料采制化环节，遵照管理办法实行三级加密管理。

区域一体化电厂燃料接卸车数量、运损、煤质等信息协同共享，通过各环节数据的对比分析，提升燃料采购风险管控水平及采购的经济价值。

ERP系统燃料模块支持各接卸车计量、运损、煤质信息管理，实现燃料采购业务与财务协同记账。

4. 厂内燃料管理

厂内燃料管理指燃料到厂验收、接卸、储存、盘点、掺配耗用等业务。通过对燃料验收、进耗存数据的汇总，结合发电量，实现对各厂燃料验收、接卸、储存、盘点、耗用工作的检查、指导、监督，规范各厂的燃料管理相关业务。

ERP系统燃料模块记录装车、中转、厂内接卸、储存，以及入炉各环节的量、质信息。根据各机组对煤种煤质的适应情况、发电计划，系统能提供为满足安全环保、最优经济指标的燃料掺配厂内燃料煤质及数量信息。ERP系统记录燃料掺配、燃料入炉计量信息，提供因煤质变化引起的安全环保和设备损耗的隐形成本及煤质与炉型匹配的数据分析。

ERP系统燃料模块支持库位管理、批次管理，对接厂内数字化煤场数据，提升煤场智慧化管理水平，根据数字化煤场量、质变化自动进行系统更新，确保账实一致。

ERP系统燃料模块支持区域一体化电厂燃料储存量、质信息共享，可根据燃烧掺配或其他管理需要，进行电厂间燃料调拨业务处理。

ERP系统燃料模块记录燃料接卸、耗用环节的数量、质量、价值信息，管理各单位输煤场量、质、价、堆存位置等信息。提供入厂验收亏吨亏卡信息，分厂、矿，按时间段查询电厂入厂燃料数量和质量信息，分厂发电量、耗煤量、耗油量、入炉煤热值、入炉标煤量、发电煤耗情况，提供电厂数字化煤场情况，显示煤场情况、存煤数量、热值、价格等详细数据，对存损、水分差调整等情况进行数据分析、优化指导。

5. 购销结算

集团内或区域一体化单位间燃料购销业务，利用信息共享优势，根据燃料购销合同进行协同结算。结算由掌握结算信息的一方发起，另一方确认。结算信息包括运输信息及双方的装车、接卸的量、质信息，方便核对确认。

ERP系统燃料模块购销结算分为煤款结算、运杂费结算、厂内费用结算三类。煤款结算适用于燃煤采购业务按照合同电算化条例的奖罚规则、结算量质确认规格，计量结算数量、煤质，最终对供货单位进行煤款计算、结算单输出。ERP系统燃料模块煤款结算功能包含采购结算信息确认、煤款采购结算、集采销售结算、采购结算单打印等功能。

在燃煤采购运输过程中，部分业务会产生运费、装卸费等由火电企业承担的运杂费。火电企业与服务商核对燃煤运输的量、价无误后，应正常履行燃煤运杂费结算。对煤炭运输过程中的损失，火电企业应根据合同约定核算运杂费结算金额。ERP系统燃料模块运杂费结算功能包含运杂费结算、运损索赔扣款、采购结算单打印等功能。

区域一体化电厂在生产运营中，除采购煤款、运杂费及中转费以外，计入燃料成本的各项费用统称厂内费用。ERP 系统燃料模块提供厂内费用管理功能。

6. 燃料供应管控

燃料供应管控主要从燃料全价值链管理的角度，实现对各电厂燃料业务数据的实时监测与管控，包括燃料业务过程管控，燃料采购计划，入厂煤、入炉煤的取样和煤质化验数据，燃料每日、每周、每月、每季、年度的消耗量和库存量，通过对数据的监测和分析，实现燃料指标预警和展示、业务过程控制和事项督办、通知与事件的统计分析。

7. 过程管控

以日、周、月、季、年为周期，主要对机组发电量、运行小时数、采购计划量、入厂煤量、入炉煤量、库存量、库存可用天数、煤种单价、取样化验数据进行实时监测和统计。

（1）日调运计划查询。

日调运计划是电厂燃管部调运员在运煤前一天将月度采购计划分解为调运计划，经运输单位和矿方确认，制订计划发运预报，可供公司客户查看电厂每日的调运计划。

（2）过衡实时数据查询。

由智能化系统将过衡实时数据传入公司系统，公司可以实时查询电厂过衡回皮的进厂过衡数据和对过衡实时数据进行管控，包括车号、煤矿、品种、票重、毛重、皮重、净重、盈亏、运损等信息。

（3）采样数据分析查询。

智能化系统将采样数据传入公司系统，可以查询煤矿信息、采样编码、采样人、采样日期、采样编码、采样点数、采样方式、采样标准、样品数、样品重量、采样点分布图、采样设备等信息，可以对电厂的采样业务进行分析。

（4）制样数据分析查询。

智能化系统将采样信息数据传入公司系统，可以查询信息煤矿、制样编码、制样方式、制样标准、制样开始时间、制样结束时间、制样用时、制样人、采样送样人、制样收样日期、制样收样人、制样设备等信息，可以对电厂的采样方进行分析。

（5）化验分析查询。

智能化系统将采样数据传入公司系统，可以查询全水分、一般分析试验煤样水分、空气干燥基灰分、空气干燥基挥发分、空气干燥基全硫、弹筒发热量、空气干燥基氢、标称最大粒度、变形温度、软化温度、半球温度、流动温度、哈氏可磨性指数、空气干燥基弹筒硫、收到基全硫、干燥基全硫、收到基灰分、干燥基灰分、收到基挥发分、干燥基挥发分、收到基氢、干燥基氢、收到基低位发热量、空气干燥基高位热量、干燥基高位发热量、收到基高位发热量、干燥无灰基挥发分、空气干燥基固定碳等信息。

（6）存样信息查询。

智能化系统将采样数据传入公司系统，可以查询存样编号、存样人、存样类型、存样时间、存样粒度、存样重量、存样到期时间。

8. 指标分析

通过可视化界面中各电厂的标志可进入各单位关键指标分析与监控模块，主要实现各种指标运行趋势的图片展示，更加直观和便捷，便于管理人员查阅和分析；主要指标包括收耗存数据、入厂标煤单价、入厂煤、入炉煤、库存量、库存可用天数、煤种热值、厂炉热值差、硫分等数据变化趋势。可以按日期和单位，查看任意时间和单位的关键指标、指标趋势，发生预警时可通过红色来预警。

9. 事件预警

事件预警可以帮助燃料业务管理人员及时发现问题，做到事中监管、事后评估，提高管理效率。事件预警将对各电厂的燃料库存数量、库存可用天数、煤种发热量、硫分、单价进行监控。

对各电厂的预警数量进行汇总统计，展示管理口径下各电厂的数量、位置和预警状态、预警数量，以及各单位当月的进煤量，并按预警数量倒序排列。鼠标移动到预警数量上，能够查看具体的预警内容。现分为库存数量预警、库存可用天数预警、累计入厂标单对标预警、累计标单差对标预警。

通过对这些数据的实时监控，当达到报警阈值时发出预警信息，将各单位预警事件按重大预警、一般预警及时推送给相关人员，对预警事件进行统计汇总；用户可以自行对预警信息进行分析、处理，填写预警处理的决策建议。

10. 统计报表

统计报表指根据管理需要对下属电厂燃料业务数据进行统计分析的报表，主要包括日报、周报、月报、技术监督报表、管理类报表、自定义类报表。可根据管理人员需求灵活生成各类报表，为管理人员节省常规数据统计工作和对比工作，提高工作效率。

（1）日报。

日报分为燃料价格日报和燃料统计日报，其中燃料价格日报是下辖各电厂每日对本厂煤炭来源渠道及价格等的汇报统计，汇报主体为下辖各电厂。燃料统计日报是电厂每日到场煤量、耗用情况、库存情况等的汇报统计。汇报主体为下辖各电厂，实现燃料日报、燃料日报明细等展示。

（2）周报。

燃料统计周报是区域公司根据自身管理需要进行的周数据汇总分析。燃料统计周报上传至区域公司，区域公司对各厂上传的周报进行整合，形成《区域公司燃煤周报》。可以根据时间段查询数据，并支持导出。

（3）月报。

月报的主要功能是按月查看各电厂燃料指标情况，并以月为周期进行分析总结，包括燃料价格月报，燃煤供、耗、存月报，燃煤月末盘点，燃油月报，入炉燃料成本月报，月度煤炭价格快报，经济煤种掺烧情况统计表，入炉综合标煤单价对比情况，火电企业入厂标煤单价对标书、入炉综合标煤单价完成与计划。支持报表的查询、回退、通过、导出、上报功能。点击通过报表中已选择的单位后状态显示为已通过，点击回退状态则显示为已回退并通知对应电厂，选择导出则可以导出该报表。

（4）管理类报表。

管理类报表中数据如无特别说明均来自月报。管理类报表添加导出工作簿功能，支持一键导出全部报表和单独报表。

（5）自定义类报表。

自定义类报表解决方案是统计报表的重要组成部分，通过对报表内数据项进行分类筛选，使目标数据更清晰地展现出来，极大方便了区域公司的分析、汇报和决策工作。自定义类报表无需厂级系统填报，数据来自厂级系统，根据区域公司业务人员的前端操作，后台对自动筛选的对应数据进行展示。展示列方便工作人员浏览自己需要的数据，并且可以排除具体某项（如运输方式）对结果数据（数据列）的影响。

11. 对标与排名

对标分析指根据监测统计数据，对比各单位入厂煤、入炉煤、库存量、库存可用天数、煤种品质、标煤单价等数据，实现对下属所有电厂燃料业务管理的对标管控，形成指导性意见。对标分析的主体是各电厂及分公司，包括入厂标单对标、入炉标单对标、入厂入炉标单差对标。

（1）入厂标单对标。

选择日期、查询单位、统计维度，查看该单位入厂标单对标数据。

（2）入炉标单对标。

选择日期、查询单位、统计维度，查看该单位最近12个月的入炉标单对标数据。

（3）入厂入炉标单差对标。

选择日期、查询单位，查看该单位最近12个月的入厂入炉标单差对标数据。

排名管理主要考核宁夏分公司下属电厂日报、月报、月计划等三级贯通报表上报的及时性与准确性。每个月根据考核结果，对区域公司下属电厂进行管理排名。

①排名评价体系。

②评价查询。

③日报评价排名。

④月报评价排名。

二、物资采购协同

物资采购协同的核心是物资设备及备品备件联储联备、闲置物资调剂、清仓利库和外委队伍及大宗物资集中采购等工作，优化物资库存结构，降低采购成本和资金占用。

（一）物资区域集采

根据宁夏区域物资采购管理现状，结合实际区域集采的基本条件，分析区域集采经验和效果，通过将区域公司按地域划分为宁东、银北、银南三个集中采购区域，充分发挥供应链集成服务优势、扩大战略采购范围、强化主体地位、建立监督和考核机制。实现各区域内的联储共备、联储借用、区域集成及采购对标分析，提高各区域内对大宗物资的采购效率，提升对供应商的集中管理与考评，为宁夏区域采购决策提供依据。

供应商与接货协同实现信息实时分享、业务数据传递，实现供应与生产的高度配合，提高宁夏区域公司与供应商的作业效率。通过网上在线协作，减少双方传真、邮件成本及人工费用，有效降低订单处理流程，缩短业务处理周期，减少采购业务成本。通过供应商与区域公司建立伙伴关系，针对生产和市场的变化，敏捷应对、随需而动，构建企业具有竞争力的供应链体系，增强企业与合作供应商之间的凝聚力。

（二）物资质量跟踪

在宁夏区域内通过对物资供应质量的事前、事中和事后全过程的管理，将质量责任分解到物资采购供应各相关环节和岗位。依据物资供应业务流程，在物资计划编制、供应商选择、供货合同的签订与履行、物资入库检验和验收、物资出库发放等环节实现物资质量跟踪和责任追究，并针对设备领取、使用的过程进行数据采集与分析，实现对物资领用后的质量跟踪与监测。同时将质量数据作为供应商考核的重要依据，有效控制不合格产品的流入，较大程度防控物资供应风险，保障生产任务的顺利完成。通过对物资质量跟踪数据进行分析、评价产品质量水平和存在的问题，及时向有关单位反馈，不断采取改进措施，努力提高产品的供应质量。

在宁夏区域一体化范围内全面实现仓库管理，实现仓储管理与物资管理无缝集成，结合RF（无线射频）技术，通过无线网络和条形码标签应用，将以手动输入为主的仓库业务模式转变成以条码扫描采集数据，通过移动终端功能菜单完成出入库等业务操作，保证系统业务数据的实时性和准确性。实现在宁夏区域内仓库管理更加精细化、透明化，确保仓库物资账、卡、物一致；实现定位管理功能，精确定位物资存储位置，优化仓库进出库流程；实现全过程管理，更加有效地利用仓库空间。

（三）闲置物资调剂

为进一步加强宁夏区域闲置物资管理，确保闲置物资回收、调剂、处置等工作规范有序，各基层单位设立闲置物资库，建立明确的闲置物资管理台账。将调剂物资纳入平衡利库范围，公布各区域内的可调剂物资生产单位，互通有无、信息共享。在宁夏区域内统一调配内部设备需求，通过闲置物资的调剂降低生产材料投入成本，从源头控制生产单位提报申报环节的浪费，有效盘活闲置物资，提高企业效益。

（四）分析统计报表

通过物资采购与库存管理的业务数据实现计划、采购、库存等方面的报表统计分析、展示、督办及预警等功能，实现计划预测分析、采购时效性、库存结构分析等管理指标的展示。

通过以不同维度展现各基层单位、人员的物资与采购对标分析，结合分析对标结果，在宁夏区域内对二级单位及基层单位的采购进行督办与考核，实现数据共享、统计分析与决策。

三、检修维保服务协同

检修维保服务协同主要是建立区域电力设备维保检修与服务共享平台，利用各发电公司现有检修力量，为公司各发电企业提供检修运维服务，有效盘活人力资源，创造新的盈利增长点。通过对电厂检修计划的统筹协调，结合检修工时管理，实现电厂检修力量的灵活调配。同时结合相关管理制度与奖惩机制，充分调动维保人员提供服务与知识共享的积极性，实现一加一大于二的管理目标。对区域各电厂的重大缺陷、隐患进行运营管控，加强对渗漏点的管理，实时监测电厂运行情况，实时监测电厂可靠性指标，支持定期或实时出具符合集团或区域公司管理要求的各类统计分析报表。

（一）检修人才区域共享

建立区域范围内检修维保技术人才库，制定相应人才的共享管理办法，形成区域一体化检修管理模式和技术技能人才的互促共享。

（二）检修工具区域共享

建立区域范围内检修工器具管理平台，制定相应工器具共享办法，促进区域范围内各电厂专业检修工具的合理流转，减少大型工具的闲置时间。

（三）检修维保知识共享

基于现有的检修管理功能，形成以维修记录共享为主的知识共享体系，主要目的是形成区域共享及与集团共享的检修维保知识体系，以指导基层单位的日常检修工作，并支持灵活统计分析，如针对经常出现缺陷的设备、缺陷的数量、消缺及时率，通过设备状态分析提升管理水平。

第一，搭建知识共享内容分类、分级体系。

第二，重要方案支持专家评审流程，可按方案优秀等级进行形成重点方案。

第三，共享方案应支持与 ERP 中业务过程单据（如缺陷单、工单、两票、巡检记录）等的关联。

第四，制定相应管理制度，可对优秀方案提供者进行相应激励。

最终实现维修记录共享功能，各单位提报共享内容后，在二级单位或集团内形成检修记录共享记录，并实现多维度的查询报表。

（四）检修计划协同管控

通过对现有检修计划管理功能的提升改造，实现对同区域各三级单位的检修计划的运营管控：二级单位可根据实际情况统一调度、协同、调整整体检修计划，为检修供应商的优化、协同提供决策依据。

优化检修过程管理功能，实时统计三级单位的检修执行进度，实现二级单位对检修计划中各个层级活动执行情况的分析和统计；通过对检修过程的历史对比和横向对比分析，优化检修过程计划。

优化服务验收管理功能，对检修服务的验收流程进行记录，对供应商进行评价并推送相关系统，为后续的招标管理提供参考。

细化检修费用管控力度，实时监控检修费用的使用情况，实现电厂检修费用横向对标。对标检修费用计划，在线分析检修人工费、材料费执行偏差率，形成二级单位与基层单位的纵向贯通管理及基层单位之间的横向信息对比及分析，为检修计划的制订提供依据，实现降本增效。

(五）缺陷、隐患运营管控

二级单位现有的缺陷月报、年报中有大量的统计信息可以在 ERP 系统中抓取，通过开发实现缺陷各种维度的统计及上报报表，自动生成月报框架，三级单位填写补充说明，自动汇总生成二级单位的报表，并且在年底自动生成年报。在隐患管理功能中实现与缺陷的联动。

（1）月（年）度缺陷统计分析。

（2）区域公司二类以上缺陷报表。

（3）区域公司疑似重复缺陷统计表。

（4）区域公司缺陷延期分析报表。

（5）区域公司缺陷分析报表。

(六）渗漏点管理

在电厂侧优化渗漏点管理功能，通过渗漏点与设备主数据的联动，将渗漏点管理与缺陷管理功能相结合，通过对缺陷的分析统计自动生成渗漏点报表。

密封点、渗漏点台账管理：密封点和渗漏点基础信息管理，与 KKS 编码建立对应关系，实现渗漏点的批量查询、维护功能。

巡点检功能优化：优化巡点检管理系统方案，增加渗漏记录功能。

缺陷功能优化：优化缺陷管理系统方案，完善渗漏信息记录，实现闭环管理。

报表分析：通过自动抓取巡点检与缺陷功能中的渗漏信息，自动生成面向二级单位、三级单位的分析统计报表。

(七）电厂运行监控

电厂运行监控功能以两票（工作票、操作票）管理为核心，在此基础上实现巡检任务、运行定期工作、运行日志等功能的优化整合，通过功能延伸与一体化平台在线生产、在线安全模块对接，实现电厂的运行监控目标。

基于现有系统的设备管理功能，通过对运行台账、巡检任务、运行定期工作、运行日志等相关功能的优化整合，实现二级单位对电厂运行情况的掌握与监控。

（1）尽量不增加现场人员的系统操作工作量，通过系统自动进行数据统计、分析。

（2）在系统中固化现有相关运行统计报表。

（3）支持电厂侧、二级单位的管理需求。

（八）可靠性指标管理

在系统中实现可靠性管理指标的录入管理，三级单位完成录入后自动生成二级单位的汇总报表及图形分析。

（1）发电量。

（2）机组运行小时。

（3）出力系数。

（4）利用小时。

（5）等效可用系数。

（6）运行暴露率。

（7）等效强迫停运率。

（8）非计划降出力小时数。

（9）非计划停运小时数。

（10）非计划停运次数。

（11）计划检修小时。

（12）备用停机小时。

（13）等效降出力停运小时。

（九）分析统计报表

1. 统建系统应用水平评价指标（二级单位）

基于与电力板块相关的16个指标，通过对ERP系统指标的优化，实现二级单位对电厂的指标监控。

2. 缺陷管理（二级单位）

通过对ERP系统缺陷管理相关功能的优化，为二级单位提供缺陷综合统计分析功能。特别是通过对影响停机或降负的缺陷的统计，从多种维度为二级单位职能部门提供决策支持。

在ERP系统中搭建基于缺陷管理的知识共享功能，形成区域公司乃至全集团的缺陷共享体系。支持方案评优、方案分类、关联相关单据等功能。

实现渗漏点台账管理，与 KKS 编码建立关联，通过缺陷管理自动生成各类分析统计报表，自动生成二级单位报表。

3. 检修费用类（二级单位）

通过对 ERP 系统工单相关功能的优化改造，实现按机组进行检修费用归集，为在线经营分析提供数据基础，并支持多种维度的对标统计分析。

4. 其他指标或报表（二级单位）

通过对 ERP 系统相关功能的开发改造，实现月度、年度或其他周期需要三级单位上报的相关报表的自动上报功能。

四、发售电热协同

立足电力市场，协同组织区域内发售电热企业的营销业务，通过交易电量电价预测、发电成本分析，实现电力交易计划、发电计划、供热计划的最优匹配。加强集团内部用电企业的电力交易衔接，形成区域一体化协同创效格局。

五、人才共享协同

在区域内实现专业共享人才，以提高劳动生产率为目的，健全人才交流互济、评价激励、服务保障等工作体系，将区域内各专业领域的高级人才纳入专业人才共享库，并根据工作质量与成绩给予薪酬奖励，提高人才的工作热情，使企业以最经济的方式，得到最佳人力资源，为公司提供技术支持、管理支撑、协同服务，提升人力资源配置效能，使企业的持续性需求得以实现，降低企业的发展成本。

区域一体化平台主要实现人才共享需求计划管理、共享专业维护、专业人才共享库建设、虚拟专家坐席管理、技能交流窗口、人才共享效果评估、人才共享定期报告。

（一）专业人才共享库建设

建立各类专业及各项业务的人才库与专家库，为人才共享服务奠定基础。人才库从业务视角可分为生产设备类、生产技术类、经营管理类，从来源视角可分为区域公司人才、集团人才、外部人才。

人力资源部门是专业人才共享库的归口管理单位，具体负责以下工作。

（1）建立和动态管理公司专业人才库。

（2）协助有关业务部门、单位进行专业人才的选取。

（3）追踪、分析专业人才的使用情况。

（4）对专业人员的违纪、失职事件进行调查处理。

业务部门（或虚拟专家团队）是专业人才共享库的使用单位，具体负责以下工作。

（1）协助人力资源部门进行专业人才的选取。

（2）按规定组织、安排专业人才从事重大课题研究、技术攻关等活动。

（3）按规定组织、安排专业人才参加相关专家坐席值班活动。

（4）按规定组织、安排专业人才进行业务交流。

（5）对专业人员进行评估。

（二）虚拟专家坐席管理

依托智能工作台对各类生产设备、生产过程、管理业务的相关信息进行集成，形成集中的监测、分析、诊断、交互协同环境，助力专家以远程值班方式进行专项监控、分析、研究、诊断。

第六节 电力交易优化中心

以公司整体效益最大化为目标，以交易优化为抓手，发挥电力市场整合优势，依托集团统建电力营销平台，推动营销驱动生产的模式创新。通过市场分析、交易组合、机组组合等业务环节，优化交易组合方式，进行统一电量调配与电量指标优化互济，形成公司营销合力，实现低成本、低能耗机组多发，高成本、高能耗机组少发。一方面降低综合能耗，减少公司碳排放总量；另一方面促进公司效益最大化，实现发电资源协调和客户资源协调，实现发售一体化及业务协同，促进公司与地方经济环境的共同发展。

一、市场分析

全面、系统地汇总区域内负荷信息、电网信息、用能信息、交易信息、新能源发电能力、火力发电信息，开展市场信息分析工作（主要包括负荷预测与分析、区域竞争力分析、市场形势分析、成本利润分析、交易情况分析、经营情况分析、电热生产分析、供热情况分析），遵循区域公司交易策略，开展电力市场营销工作，为发电企业获取市场电量和基数电量。

（一）负荷预测与分析

基于宏观经济、负荷自身特点、气象情况、节假日、电力弹性系数、全社会用电情况、行业政策边界条件，采用人工神经网络、灰色理论、指数平滑、回归分析、专家系统先进的负荷预测方法，通过基础数据采集、数据预处理、预测模型构建、预测结果处理环节，实现省级、区域、发电企业、机组的年、月、周、日、小时级的负荷与电量预测，为发电企业的负荷预测、交易报价、客户用能分析、生产计划编制提供支撑。

（二）区域竞争力分析

区域竞争力分析包括区域整体分析、发电企业竞争力分析和售电公司竞争力分析，区域竞争力分析可为交易报价决策提供支撑。

1. 区域整体分析

区域整体分析内容主要包括装机容量、发电量、利用小时（分基数、市场）、市场交易电量占比、煤价情况、煤耗情况、电价情况、度电边际收益、度电利润情况、水库蓄能值、限电情况，在区域整体和五大集团间按发电类型（水电、火电、新能源）的构成分析市场份额的占比情况。分析基础数据来源于中电联月报和五大发电集团交流月报。

2. 发电企业竞争力分析

侧重分析发电企业与所在区域的同类型企业间的竞争能力分析内容主要包括企业基本信息、生产能力、产出、成本、市场占有率。企业基本信息包括机组构成、所在网架结构特点、投产时间；生产能力包括装机容量、供热流量和供热面积；产出指标包括发电量、供热量、利用小时、发电厂用电率；成本指标包括入炉标煤单价、单位燃料成本、单位人员成本；市场占有率分析指标主要包括市场交易电量占比、市场交易价格与区域均价比较。

3. 售电公司竞争力分析

售电公司竞争力分析内容包括基本情况（注册资本金、售电公司体制归属）、营销能力（营销队伍建设、营销渠道、营销体系）、经营情况（历年经营业绩、合同履约情况、综合能源服务开展情况）。

（三）市场形势分析

与电力市场相关的分析内容包括优先发电权占比、市场交易电量占比、市场主体准入条件、非水可再生能源配额、地区的限电相关政策、外送电的相关政策。

区域用电形势预测包括年度、月度、周的发电量预测，以及客户用能预测。

重点电源送出情况包括输电线路名称、电压等级、投运时间、线路的长度、起点、输送能力、电源点信息，其中电源点信息包括电源点名称、发电类型、装机容量、股权结构。依据此信息形成输电线路分析，对电源点容量占比、输送能力、电源结构进行分析。

（四）成本利润分析

基于生产、燃料、财务、营销各环节的业务数据，形成成本利润分析体系。分析方法包括对比分析、构成分析、趋势分析、预警分析。分析内容包括实时成本利润分析、日成本利润分析、月成本利润分析，为交易报价决策提供支撑。

发电企业收入主要分为发电收入和供热收入两部分，发电收入由上网电量和综合平均电价构成，供热收入由供热量和供热平均单价构成。

发电企业成本包括固定成本和变动成本，其中，固定成本包括四项费用（除材料费外），即财务费用、折旧费、职工薪酬、其他固定成本；变动成本包括燃料成本、水费、检修费、材料费。

基于生产、燃料、财务、营销各环节的业务数据，形成"四个电价""四个成本"的电价成本分析体系，为交易报价决策提供支撑。

"四个电价"是指边际利润电价、资金平衡电价、盈亏平衡电价、目标利润电价。其预测基础是把发电量、供电标准煤耗、入炉综合标煤单价、燃气单价作为变量考虑，把固定成本和费用作为常量考虑，且固定成本仅考虑发电成本，不包含供热成本。

"四个成本"是指度电变动成本、度电固定成本、度电财务成本、度电完全成本。

(五）交易情况分析

交易情况分析包括发电侧和售电侧的市场交易情况分析。

发电侧交易情况分析是指按照参与交易的状态，跟踪正在进行的交易、已完成交易的交易电量、交易价格、交易收益，以及市场交易份额占比情况。

售电侧交易情况的分析内容包括售电公司代理客户数量、代理电量、偏差考核电费、为用户节约的用电成本、度电收益、渠道商（居间商）支出、为公司内部发电企业增加市场份额、为公司内部用户节约的用电成本，按照客户所属行业、所属集团进行分类分析。

跨省跨区交易分析内容包括跨省跨区交易的整体规模、公司对网电厂参与交易情况跟踪、交易价格构成分析、偏差考核、输电通道分析、线路投运及检修情况。

（六）经营情况分析

经营情况分析主要包括对电热经营指标的计划与执行情况的分析。

发电收益分析内容包括对电热量的收入、成本、利润的分析。收入指标涉及电热销量、价格，包括电力销售收入和热力销售收入，按照电量构成和热量构成进行分类分析，分析收入完成与预算的对比情况。成本指标涉及售电燃料单位成本和售热燃料单位成本。通过收入与成本数据形成利润分析，包括度电利润、边际收益，分析利润完成与预算的对比情况。

售电收益分析内容包括售电公司代理客户数量、代理电量、为用户节约的用电成本、经营利润。

对电厂的两个细则考核与补偿情况进行分析，考核内容包括考核返还费用、发电计划、AGC（自动发电控制）、调峰、黑启动，补偿内容包括补偿分摊费用、调峰、AGC、黑启动。

（七）电热生产分析

电热生产分析包括装机容量分析、发电量分析、利用小时分析、对标分析。

装机容量分析：分析区域、公司的装机容量分布情况和装机构成情况，装机构成按火电、水电、风电、太阳能进行分类，分析区域的市场份额占比情况。

发电量分析：按照火电、水电、风电、太阳能分类，分析区域、省份的发电量完成和计划执行情况，分析区域整体的市场份额占比情况。

利用小时分析：按照火电、水电、风电、太阳能分类，分析区域、省份的发电量完成和计划执行情况，分析区域电厂间的排名情况。

对标分析：分析发电企业与对标单位间的利用小时完成排名情况。

（八）供热情况分析

供热情况分析包括供热产能分析、供热经营分析。

供热产能分析指标包括供热机组台数、供热机组容量、供热量（分工业供热量、民用供热量），分析供热机组台数、供热机组容量占全部火电机组的比例，按地区、省份维度分类汇总供热台数、供热容量、供热量，进行分机组容量等级的热电比分析，以及供热量与气温的对比分析。

供热经营分析指标包括热电比、供热面积、供热用户数、售热量、售热价格、售热燃料单位成本、售热收入、热费回收情况、供热经营面积占地区总面积比例、供热用户数、供热量的市场份额分析。按照工业售热量和民用售热量，分析售热年度目标的执行进度情况，形成各区域公司、电厂的售热年度目标执行率的排名对比分析。

二、交易组合

根据发电企业实际发电煤耗、售电煤耗、标煤单价、固废处置等建立成本测算模型，真实测算发电企业各项发售电成本。遵循保量稳价、量价协同、确保边际的原则，从电力市场获得区域内直接交易电量；在参与跨省跨区电力直接交易时，遵循以量为主、确保边际的原则，获得跨省区发电量。基础交易电量作为发电企业基本电量指标保障，根据机组检修计划，优先满足各发电企业基本的发电与开机需求，并进行均匀调配，富余电量部分根据核算的各发电企业实际发电成本，对各企业边际贡献能力进行排序，并基于市场分析结果，按照低成本、低能耗机组多发原则，对各企业交易指标进行优化调整。

（一）边际成本测算

根据发电企业实际发电煤耗、售电煤耗、标煤单价、固废处置等建立成本测算模型，真实测算发电企业各项发售电成本，在相同交易电价的水平上对各企业边际贡献能力进行排序，作为交易组合优化的基准。逐步建立和完善机组成本测算模型，为公司发售一体交易组合优化信息化模块的开发提供成本测算模型支撑。

根据实际实验数据拟合计算模型可得发电成本与机组负荷率呈线性变化，建立负荷率与发电成本曲线。通过发电企业的配合，取得发电机组在不同负荷下的机组发电成本。发电企业通过实验获得不同负荷下的发电成本，通过数据积累获得充足的机组负荷率和发电成本的数据。建立数据模型，通过数学模型离散型数据的回归算法，拟合出负荷率成本曲线。系统展示各发电企业、各台机组的负荷率成本曲线，后台通过实验数据修正、增加参与指标权重，不断修正机组负荷率成本曲线。负荷率成本曲线可作为交易组合优化模型的重要基础数据，根据负荷率成本曲线也可以人为判断、制定交易组合优化方案。

（二）交易组合优化

在交易前，以测算结果为基准，综合考虑各企业机组的运行、检修计划、辅助服务收益等情况，根据与交易中心、调度中心沟通联系的不同机组可执行负荷率偏差情况，按照低成本、低能耗机组多发，高成本、高能耗机组少发的原则，从交易指标的源头环节对各企业交易指标进行优化调整，形成交易组合优化方案。

在交易中，督导各企业执行与落实交易组合优化方案。

在调度中，密切联系调度机构，促进交易组合优化结果兑现，最大程度地提升公司效益。

（三）交易组合优化分析

交易组合优化完毕后，次月根据财务月报等所反馈的执行数据，对交易组合优化执行情况进行复盘，分析不足与偏差。

研究单机组交易组合优化向机组集群组合优化方式转变的可行性，在更大范围内进行交易组合优化和协调优化调度，实现在发电量不增加的情况下，提高运行负荷率和机组灵活性，降低机组启停频次，促进市场参与各方经营效益的提升，增加节能减排贡献，推动公司煤电高质量发展。

三、机组组合

根据交易结果，在满足系统安全、运行稳定的条件下，以燃料成本最低、节能、环保为目标，确定在一定的调度周期内，以最小的成本（耗量）制订各机组发电计划，并结合机组检修计划，优先满足各发电企业基本的发电与开机需求，实现与给定负荷的平衡，并满足电网约束条件和备用要求，形成能够满足未来负荷需求的机组组合计划。

（一）机组组合优化模型

根据变动成本信息、机组发电能力、机组边界条件、市场电量份额和辅助服务收益分析，建立交易组合优化方案的数学模型。机组组合优化的数学模型包括：确定机组组合执行时间，确定参与组合优化的机组范围，设定机组组合优化算法模型的边界条件（机组参数、机组启停状态、成本测算模型测算出来的变动成本曲线、机组启动费用、检修计划、发电计划、辅助服务收益、获得发电配额等），设定机组组合优化算法模型的目标函数（获得电量和机组负荷函数、发电变动成本和机组负荷函数、电量函数、变动成本函数等）。每台发电机组的边界条件确定下来之后，设定总的组合电量，把算法模型中每台机组限制在一定的发电能力范围内，根据公司利润最大化原则，在售电价格确定的情况下，计算出整体发电成本最小的机组组合方案。算法模型采用人工神经网络算法、云计算等技术计算出每台机组需要分配的电量、机组利润和整体利润。

方案一：售电公司按照年、月、周、日等周期，通过参与电力市场开发获得发电量。按照整体经济最优办法，选择公司全部发电机组、发电周期，通过算法模型计算出每台机组的发电分配电量、发电变动成本。制订每台机组的发电计划，下发给发电企业执行发电任务；根据发电执行情况对机组、发电企业进行绩效评价。

方案二：售电公司管控公司总体发电量，按照发电企业获得的电量分配发电量（周期分为年、月、周、日等），再进行单个发电企业内部机组组合优化，通过算法模型计算出本发电企业内部每台机组的发电分配电量、发电变动成本等。算法模型需要考虑机组的边界条件启停状态、启停费用和辅助服务收益等，把机组分配的电量生成机组发电计划。

售电公司通过增量交易获得的电量，通过算法模型进行整体效益核算，人为选择启用机组、时间区间，填报增量电量，设定机组运行的边界条件，计算出增量电量的分配方式。制订出新的发电计划，下发给发电企业执行发电任务；根据发电执行情况对机组、发电企业进行绩效评价。

方案三：首先，按照特定比例分配发电企业获得电量的百分比，保证发电企业的基础发电量，对市场获得的剩余电量进行整体机组组合的优化分配；其次，售电公司通过算法模型计算出发电企业按照发电企业额定电量的机组分配方式，计算剩余电量的分配方式；最后，制订每台机组的发电计划，下发给发电企业执行发电任务，根据发电执行情况对机组、发电企业进行绩效评价。

（二）方案执行与计划调整

以年、月、周为周期，实现实时成本的测算，动态生成组合报价方案。把制定好的组合报价方案通过系统的审批流程完成审批，审批结果附加审批指导意见。审批通过的组合报价方案变为生效状态，各电厂和售电公司按照已生效的组合报价方案执行市场交易申报。根据交易组合优化执行情况，在保持区域公司整体综合计划指标和财务预算总量不变的前提下，对各企业综合计划和财务预算指标进行动态修正，对转出指标的企业进行绩效补偿，对接受指标的企业进行绩效追加，实现机组组合优化的整体效益提升。

开展发电企业发电计划调整，对机组组合优化贡献率高的发电企业进行绩效追加。根据机组组合方案的执行情况，按照考核奖励方案进行奖励。

（三）对机组组合优化方案的事后评价

执行完周期性在线报价方案后，基于当期实际情况进行方案选择的事后评价。在交易完毕后，对方案执行情况进行复盘，分析不足与偏差，以问题为导向，边实践边研究，不断修正交易组合优化方法，形成计划—执行—检查—处理（PDCA）的循环管理模式。

第七节　智能化办公中心

随着网络规模的不断扩大，以及新业务如雨后春笋般的涌现，各级业务管理人员面对的是海量的业务数据和待办的处理单。为提取有效信息，各式各样的报表和工作单贯穿于管理者的日常工作中。在网络管理领域，智能报表功能是企业掌握业务及数据情况、进行分析和决策的重要工具；智能个人中心功能是各级管理者及业务管理人员工作处理、待办提醒、业务督办的重要支撑。

一、智能报表

智能报表可实现对公司数据资源的运营管控，支撑数据收集、整理、分析和研究全流程管控，基于智能分析工具，提供数据从采集、填报、校验、计算、统计、报表、搜索、共享发布到服务的一体化解决方案。对数据资源进行智能汇总、智能分析、深入挖掘，实现辅助决策功能，同时提供数据共享服务，实现数据的一次采集、多次复用。智能报表平台实现一套标准、横纵贯通、分级服务，实现数据资源的集中化、标准化、共享化和资产化。智能报表平台灵活集成、自主可控、安全可靠，为提高管控能力和数据综合使用能力提供强有力的技术支撑。

（一）主要目标

1. 落实指标标准

实现指标统一分类、统一定义，确保指标分类科学、定义准确、来源清晰、接入规范、质量可控、数据可用。

2. 促进降本增效

实现各种对上、对外报送任务的自动化解决，实现数据一次填报、多处应用，为解决重复报送、数据不统一等问题提供支撑，提高数据质量，加强运营管控，降低各层级因重复建设造成的资金成本、时间成本等。

3. 实现多级应用

实现区域公司火电、新能源、化工等业务板块报表及区域公司所属各单位报表的多级应用，如图 5-10 所示。

图 5-10 建设目标

(二) 功能实现

1. 设计理念同步

按上级公司信息化管理标准、数据安全、数据稳定等要求，从根本上确保不留安全隐患。

2. 满足多级管理需求

系统设计用户、权限、角色等，分级授权管理，与集团多业务口径报表业务、三级授权管理模式相匹配。实现集团、区域公司、各所属单位多级报表的应用。

3. 与公司业务系统无缝对接

与现有的业务系统形成共享服务模式，减少重复建设，实现业务项目与区域公司信息化平台各模块的业务接口，形成数据融合、服务共享模式，打通技术壁垒。

4. 与其他成熟系统实现对接

公司信息化平台可与正在使用的成熟系统（如电网、地方政府等系统）进行对接，实现数据互通。

5. 智能生成、分析、预警功能

一是从区域公司各业务角度出发，按照各岗位智能报表需求，开展报表设计，要求支持填报、汇总统计、图文混排、大屏类等多种类型报表设计，支持高性能分析计算。二是具有数据报表、图表分析的功能，可同步开展"双向"（横向、纵向）对比，数据偏差较大时可进行预警推送、预警数据分析，同时对报表开展追溯、查询、核实等。

6. 智能推送、提醒、积分功能

与业务流贯通，实现在报表横向、纵向流程中各环节按岗位智能推送；业务流转人报表业务"双提醒"（前端提醒—发起业务、过程提醒—流转业务）功能；对报表业务完成率进行积分管理，汇总排名，与绩效系统月度部门绩效评价对接。

7. 实现自定义报表功能

对非定期报表，实现结合临时需求，制定临时样表、数据抓取、报表生成的功能。

8. 支持移动端应用

本着简便、高效的原则，系统的上线支持手机移动端应用，如图 5-11 所示。

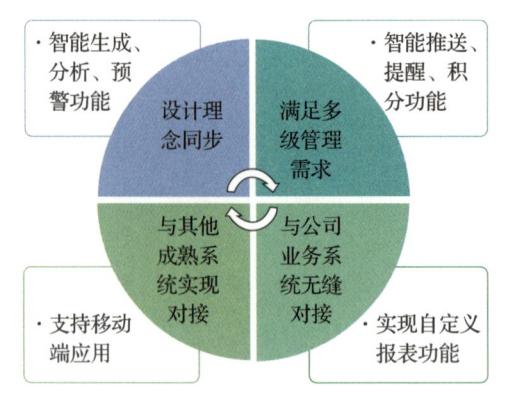

图 5-11 功能实现

二、智能个人中心

各专业的智能个人中心实现各项工作的上传下达、管理闭环、信息传递等功能。

(一) 督办闭环单功能

各专业通过业务流转设置督办单新建、过程跟踪、闭环反馈功能，主要实现督办业务的全过程管控及评价。

在督办闭环单创建过程中可选择专业、接收单位、完成时间、完成附件上传等功能，确保在规定时间内完成"一对一"的业务流转。

(二) 待办工作提醒功能

待办工作提醒功能主要集成集团各统建系统的待办提醒，如办公中心、报账系统、采购监管系统、财务系统等。在实现按业务、系统、时间等维度查询、汇总等功能的同时，通过红字或闪烁提醒窗口期及剩余时间。通过提醒提示最大限度减少逾期完成工作事件的发生。其中，区域公司运营管控系统的内部业务流可按业务维度，计算按期完成率，并与绩效考评挂钩。

第六章 企业智能化技术的应用

第一节 智慧企业

基于工业互联网技术，结合当前企业现状，贯通集团云、厂侧边缘云、智慧终端构成云、边、端智慧企业纵向架构；建设智慧生产、智慧安全、智慧检修、智慧管理、智慧燃料、智慧决策等智慧应用体系及其包含多个灵活可扩展功能模块的构成全生命周期、全范围智慧电厂的横向架构。以安全、高效为导向，以"云（计算）、大（数据）、物（联网）、移（动办公）、区（块链）、边（缘算力融合）、智（能设备）"技术为支撑，以"人工智能+行业知识库"为灵魂，以全可视化为展示形态，以智能终端为管控工具，打造更高阶段的信息化与自动化企业，全面接近并最终实现信息智能化、控制智能化、维护智能化、安全智能化、经营智能化、值守少人化的智慧企业，如图 6-1 所示。

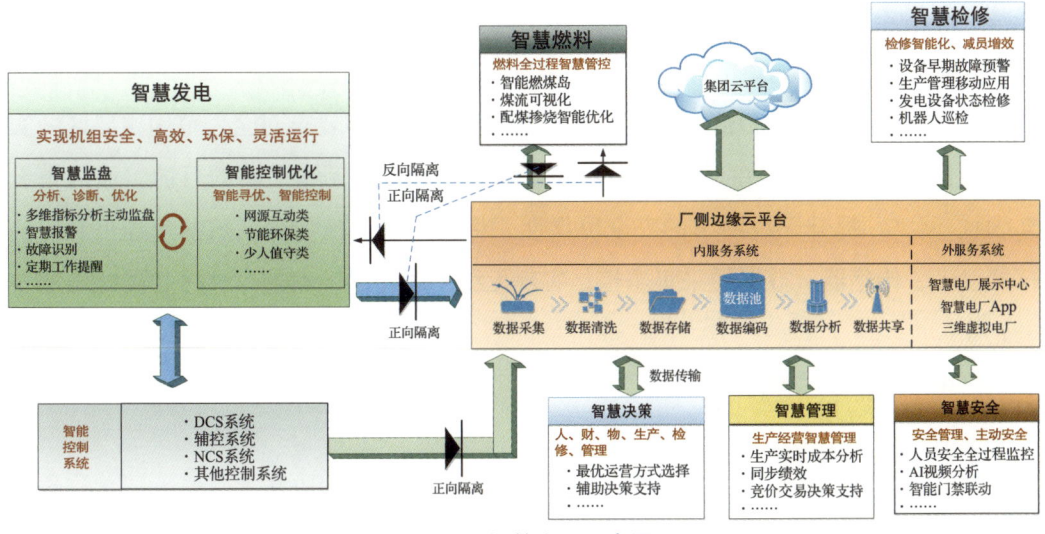

图 6-1 智慧企业示意图

第二节　企业典型智能化技术

企业智能化技术是指利用科技信息化技术，通过系统集成方法，将智能型计算机技术、通信与控制技术、大数据与区块链技术、多媒体技术和现代企业管理艺术有机结合，通过对生产过程中人、机、环、管全过程的自动监控与数据处理，获得安全、高效、便利和灵活的现代企业管理技术。

一、5G 移动互联

（一）主要功能

5G 是 2020 年以后应移动通信需求而发展的新一代移动通信系统。5G 移动通信将与其他无线移动通信技术密切结合，构成新一代无所不在的移动信息网络，满足未来 10 年移动互联网流量增加 100 倍的发展需求。5G 移动通信系统的应用领域也将进一步扩展，对海量传感设备及机器与机器通信的支撑能力将成为系统设计的重要指标之一。在工业互联网时代，5G 技术的突破可以提供 10 倍于 4G 的峰值速率和用户体验速率、百万的连接数及超低的空口时延，是万物互联的重要保障。利用先进的 5G 技术，可以为数据的传输提供低时延、高可靠、大带宽的传输通道。

根据工业互联网平台接入各种信息需求及人员定位等要求对全厂范围主要区域实施无线网络覆盖，达到在厂区域任一角落均可实现高速无线上网的目的。通过搭设 5G 通信网络，提升无线网络的安全可靠性，将其用于厂区特殊区域的监控、专用的仪器仪表、传感器、数据的采集监控，实现无线互联互通，打造"5G+ 智能化"的发电企业。

（二）电厂应用

（1）利用 5G 的边缘云监控微电厂的生产情况和设备健康状态，对电厂进行管理和调度，以调控产能。

（2）与巡检机器人、无人机等设备结合，对电厂设备、厂区情况、电线、高塔顶部进行拍摄，实现高速数据回传，迅速把握异常状态，安全、省力、高效。

（3）通过 5G 大带宽网络将摄像头采集到的高清影像回传至客户端机器，然后进行视频监控分析。

二、VR 技术

（一）主要功能

VR（Virtual Reality）技术即虚拟现实技术，指采用以计算机技术为核心的现代高科技生成逼真的视觉、听觉、触觉一体化的特定范围的虚拟环境。现阶段，VR 技术在头像领域与计算机图形领域中的应用范围广、价值高。通过 VR 技术，构建三维环境，利用交互性与现实模拟的特点提高用户的真实体验感。在虚拟环境中，VR 技术实现对三维物理模型、运动规则与物体等方面的有效结合，使用者可以通过视觉、触觉和听觉等多种方式真正体会到虚拟环境的点点滴滴。在使用 VR 技术的过程中，系统集成技术、语音识别技术和图像处理技术等使用较多。在科学技术的极速推动下，VR 技术的发展趋势越来越多元化。现阶段，根据我国整个电力行业的发展方向，在电力系统中，VR 技术的应用有很大的市场潜力。

（二）电厂应用

电力系统仿真培训是提高从业人员对电力系统操作的准确性及业务能力的关键，也是电力系统安全、稳定和高效运行的重要保证。在电力培训方面，技术的进化和变革经历了很长一段时间。回顾前期，主要是采取仿真盘台的方式对人员进行培训和教学演练。该种方式在初期还好，较直接。然而，随着设备的不断更新升级，培训装置和真实的输变电设备出现形式变化，甚至产生无法兼容等情况，其培训效果大打折扣。VR 技术的发展成为一个主导趋势，即通过虚拟现实的方式培训和考核从业人员。可以说，VR 技术改变了电力系统人员的仿真和培训工作方式，其所创建的虚拟现实环境，使变电站系统场景的沉浸感、真实感及可交互性获得了很大提升。

VR 技术在电力仿真和培训方面的作用可谓举足轻重。通过使用虚拟现实的仿真培训系统，一方面，可以有效降低和控制培训过程中的风险；另一方面可以节省很多培训资金和费用；同时有效联系系统中各个环节，使作业人员能够对设备有全方位的观测和体验。通过虚拟环境，从业人员可深入设备的任何地方，进而熟悉其结构和工作原理，而且能够收获更多有价值的信息，这在实际训练中是无法实现的。与此同时，在电力仿真和培训中 VR 技术所表现出来的灵活性很显著，其可以根据不同的需要，对模型、数据及交互方式等相关配置进行设计、建造、补充或组合，等等。

三、三维可视化

（一）主要功能

三维可视化是电力仿真系统的一种展示方式，是将电厂的工业厂房及设备在计算机中虚拟地展示出来，利用数据库技术、数据采集与监视控制技术，将电厂的工业广场区域和生产设备的运行状态参数实时地展示在虚拟电站系统中。在三维虚拟场景中可实现对工业广场的浏览，也可实现对设备的查询管理。利用三维可视化可以随时查询设备及生产运行数据，可进行设备操作、工业预览等动画演示；通过与生产管理信息系统、操作票管理信息系统等系统结合，在虚拟场景中实现设备基本信息查询、模拟"五防"操作等与电网安全生产相关的管理，实现虚拟场景和现实场景的实时同步。

（二）电厂应用

三维可视化的应用系统可以分为三个层次。

1. 电厂数字化

电厂数字化主要包含电厂内部地形、建筑、设备等可视化，按实际比例 1∶1 进行制作，可以在现有过程控制系统与统一规划的可视化电厂信息平台之间增加数据操作转换接口，以实现数字化电厂对传统过程控制系统的兼容。三维可视化电站如图 6-2 所示。

2. 生产流程模拟

电厂在实现对各个局部生产过程的监控和统一信息平台的基础上，可以面向整个电厂对实时的控制系统进行整体优化和分析，为过程控制提供操作指导。同时可以基于整个发电厂的实时状态和资源信息，实现资源优化配置、资产维护管理等，以实现全厂的安全、高效生产。

图 6-2　三维可视化电站

3. 设备信息查询

基于对设备实时状态、历史信息、经营数据、资源信息等设备信息的查询，对设备的经营、生产目标和发展规划提出决策支持。实现企业综合成本的实时计算、分析、控制，为电厂的经营、生产、目标和发展规划提供决策支持，实现企业较完善的管理。这是数字化电厂最高层次的作用和效果。

四、人员定位

（一）主要功能

基于人员定位的技术，以电厂三维模型作为定位和业务功能展示的基础；作业现场部署定位设备及物联网络，实现对人、车的实时位置监控；集成现有的视频监控系统、门禁系统、两票等作业管理系统，实现人员位置与视频监控和门禁联动，以及人员位置与作业联动等功能。管理人员可实时掌握全厂人员、车辆、作业等信息，通过智能分析和电子围栏等技术进行监控报警，同时还可联动视频监控，查看现场实际情况，提升安全管理效率。

（二）电厂应用

1. 人员安全智能管控

传统的安全管理以安全教育和安全人员现场巡察为主，但是安全监察人员有限，不可能 24 小时不间断监控，安全管理频率及精细度存在提升的空间。尤其是在大修期间，外委队伍较多且人员复杂，需要有效分析和判定存在安全风险的人员并进行重点监控和布防，而传统的管理模式很难实现。

通过实时定位、智能分析、电子围栏等技术实现全时段无死角监控，安全人员无需现场巡察即可查看现场情况，提高安全管理效率，及时发现安全隐患。当现场作业人员出现违章行为时，系统会在第一时间给当事人发送信息，提醒当事人注意风险，有效防止事态恶化，将安全风险降到最低。

2. 到岗到位及巡点检执行度的检查

安全管理人员及巡点检人员去没去现场？有没有遗漏？停留了多长时间？这些问题都关乎到岗到位及巡点检的质量，关乎设备和人员的安全。通过对人员位置的记录和分析，实现对进入生产现场人员的定位、轨迹查询、统计分析等，自动统计到岗到位及巡点检的到位情况及停留时长，智能分析偏差并提醒，提高到岗到位率和巡检质量。

3. 智能风险预控提醒

通过不断挖掘和采集人员、车辆和设备的位置及安全风险数据，寻找各项数据之间的关联，并进行智能分析，实现对人、车、设备的安全风险有效识别和智能预警。对现场重点区域重点监控，快速查找定位，通过视频监控联动，提高管理效率。

4. 安全事故全方位还原与分析

在电厂安全生产作业过程中一旦发生安全事故，需要动用大量人力、物力进行事故数据的采集和分析，但是这些数据往往碎片化，且没有留下痕迹，无从佐证。本系统将人员历史位置数据、人员区域停留时间及变化、历史监控视频进行关联展示，多角度还原事故的全过程，为事故分析提供有力证据。

5. 安全巡察智能监督

安全监察人员在现场巡察过程中违章处理效能低、预判性差，通过 App 可随时随地翻查有关人员的历史违章行为，现场发现问题和违章立即记录和处理，提高安全管理的及时性和效率。

五、智能巡检机器人

（一）主要功能

智能巡检机器人是集成了多种传感器的智能机器人。它具备红外测温、表计识别、声音振动监测等功能，并将识别结果上传到数据中心，保证了数据的准确性和及时性，同时也可以适应更复杂的工作环境。

在全厂无线覆盖的前提下，通过事先定义的巡检路线并在巡检路线上布设相关的基站及数据采集点，使巡检机器人实现定时自动巡检，通过内设的摄像头、传感器，实现巡检点数据的自动拍照、数据采集及上传。

智能巡检机器人能够适应现场复杂的工作环境，并具有设备运行工况的检测控制技术，同时增加了温度检测、声音振动监测等功能，从而达到代替人工常规巡检的目的。以智能巡检机器人为核心，整合机器人技术、电力设备非接触检测技术、多传感器融合技术、模式识别技术、导航定位技术及物联网技术等，实现变电站全天候、全方位、全自主智能巡检和监控，有效降低劳动强度和变电站运维成本，提高正常巡检作业和管理的自动化和智能化水平，为智慧电厂提供创新型的技术检测手段和全方位的安全保障，快速推进智慧电厂建设的进程。

（二）电厂应用

电厂智能巡检机器人一般分为轮式巡检机器人和轨道式巡检机器人。

1. 轮式巡检机器人

轮式巡检机器人的工作区域为室外高压配电区域、汽机房、锅炉现场等。

轮式巡检机器人可采用激光雷达传感器实现自主导航与定位，定位精度控制在10毫米以内。

轮式巡检机器人在汽机房能够实现跨楼层巡检。为轮式巡检机器人设置专用电梯，机器人自动乘坐电梯到达指定楼层进行巡检。

巡检机器人在汽机房不同楼层巡检区域内可以绘制不同地图，并且可以完成多地图自动切换功能，从而实现汽机房全场景区域范围内的连续巡检工作。

轮式巡检机器人具有障碍物检测功能，当在前行方向检测到障碍物时，机器人可自主避障。

轮式巡检机器人的巡检工作模式应具自动巡检、遥控巡检、特殊巡检及在异常情况下通过与其他系统设备进行联动的远程监控指挥模式。

对区域内须进行非定时、特别关注的设备类型及巡检点类型，如接头、接地线等设备设施，专门设定巡检任务；或在配电房、开关室内部检修工作或其他作业开始前，设定专门任务对环境、设备的运行状态进行确认，为确保设备、人员安全提供保障。

巡检内容一般包括以下几方面。

（1）设备红外检测，可以自动生成任意监测设备的红外图谱。

（2）局部放电检测。

（3）开关刀闸状态识别。

（4）状态指示灯自动识别。

（5）空开状态识别。

（6）旋钮开关位置识别。

（7）仪表数据读取。

（8）保护压板位置判断。

（9）运行人员远程操作机器人，监督现场人员的操作及施工。

2. 轨道式巡检机器人

轨道式巡检机器人主要由巡检机器人、运载轨道系统、通信及电源系统、监控平台等组成。

轨道式巡检机器人的工作区域适用场景为火力发电厂输煤车间、母线、高低压配电房等密闭场景。

轨道式机器人通过电线、无线与后台传送数据及控制信号，实现双向高速数据交互。

轨道式巡检机器人的主要用途如下。

（1）移动高清视频监控。

机器人搭载1080P高清可见光相机，可实现配电房、开关室内实时移动可见光和高清视频监控。

（2）表计识别，自动抄表。

实现对配电房、开关室内电力表计的自动识别与数据统计。

系统完成表计的指示与识别，具体步骤如下。

第一，电压表、电流表等表计指示。

第二，SF6气体压力等表计指示。

第三，开关柄、接地刀闸、贮能状态等机械位置及电气指示检测。

第四，状态指示灯自动识别。

第五，空开状态识别。

第六，旋钮开关位置识别。

第七，保护压板位置判断。

第八，箱门开闭状态的识别。

（3）设备锈蚀、变形检测。

系统通过图像识别及图像对比，可对配电房、开关室内设备、紧固件进行精确定位、拍照，结合人工确认，实现对设备锈蚀、变形检测。

（4）室内照明等设备工作状态、土建环境状态识别。

对室内照明设备工作状态识别和对室内土建环境状态识别。

（5）环境检测。

实现对室内 CO、CO_2、温度、湿度、烟雾、环境噪声、设备工作噪声等环境信息的监测。

（6）语音对讲及现场指挥功能。

定期检修或施工的伴护功能。运行人员远程操作机器人，监督现场人员的操作及施工。

（7）设备自动识别。

对系统采集的热图（无论是自动采集还是人工采集）进行自动识别，通过图像配准的方法识别出该热图有效的设备目标，保证温度检测的有效性。

（8）缺陷定点跟踪测温。

实现对点或对区域热缺陷进行定时定点巡检，以及采集数据。

（9）输煤车间巡检。

在发电厂输煤车间，轨道式巡检机器人应搭载红外热像仪、高清摄像头，实现对输煤栈桥皮带工作状态、煤粉温度、皮带温度及其他部位温度等的监测，并进行异常报警。

六、AI 视频识别

（一）主要功能

AI 视频识别采用以视频为核心的物联网技术，结合行为分析、人脸识别等 AI 技术，除利用生产现场监控系统的定点摄像头外，还可针对临时性重大高风险作业安装移动式摄像头，根据监控需要共同组成监控网，实现作业安全监管、危险源监测、设备温度监控（红外测温）、AI 分析识别等安全生产管理功能。可实现现场人员违章（不戴安全帽、不系安全带、不规范着装、吸烟等）自动抓拍并报警提醒功能。

（二）电厂应用

（1）通过对电力施工现场图像大数据的深度学习，实现对作业现场未佩戴安全帽、未系安全带、作业现场抽烟等典型违章行为的智能识别，为提升施工现场安全管控效率提供了新的解决方案。

（2）既可减少安全监护人员的工作量，起到震慑作用，还能有效预防事故、危险等有害因素的产生，保障施工作业人员的人身安全与健康，避免设备、设施和环境遭受破坏。

（3）通过数据交互实现安全生产管理系统和数字工地智能管控，并为构建更加精准、精细的数字化安全监察管理体系提供强有力的技术支撑。

七、移动应用

（一）主要功能

移动应用是将移动客户端界面控件化、跨平台化，设计开发可视化、配置化，系统集成标准化、通用化，系统运维高效化、智能化，面向企业移动信息化，提供集设计、实施、调试、运维于一体的移动协同应用平台，为企业提供移动信息化全面解决方案。

移动平台包括服务端、后台管理、客户端三大基础模块，分别负责系统集成与运行服务、后台配置与维护管理、前端展现与用户交互的功能。根据客户的实际需要提供数字证书安全套件、公文审批套件、通信录套件、电子邮箱套件、即时通信套件、论坛微博套件。

企业可通过投标人移动应用平台快速与原信息系统对接，实现已有信息系统的移动化，也可根据业务需求打造全新移动信息系统。

移动平台展现及用户交互，支持 iOS、Android 等操作系统；服务器端为基于 Java 开发技术的服务，提供底层服务支撑；后台管理为基于 Web 技术的管理端，提供配置、设计、调试、运维等管理功能。

基于平台的系统，均通过后台管理进行组织机构的建立、人员及权限的设定、系统集成的配置、功能模块的设置、功能界面的设计、功能的调试，完成系统搭建。

系统运行时，用户通过移动设备上的交互操作向服务器发送请求，经过安全传输协议加密发送给服务器，服务器接收到数据后先通过安全传输协议认证合法性并解密为指令，根据指令请求内容进行核心处理，通过统一数据总线请求相应业务系统的数据库、接口或页面，完成业务处理后生成客户端界面脚本，经过安全传输协议加密后反馈给客户端，客户端解析界面脚本动态创建界面，生成用户看到的反馈信息或界面。

（二）电厂应用

（1）移动工作流审批：通过 App，对电厂应用的各项业务流程进行审批、督办。

（2）移动应用：提供关键业务指标即时查看及生产、经营、综合、统计等业务查询功能。

（3）移动巡检：手持移动终端对设备存在的问题进行实时记录与上传。

第三节　企业智能化技术应用

一、智能两票

（一）实施内容

两票是电力企业安全生产管理的主要内容，是确保电力生产安全的重要环节，是规范检修、运维作业标准，以及提升安全管控的基础。智能两票是基于两票管理业务流程标准化，结合移动智能终端、智慧整合等先进技术，对两票现场执行过程进行设备校验、人员身份及资质确认、操作过程视音频记录、违规操作提醒和限制、现场高危风险监测、操作执行结果核对等安全管控，实现智能两票现场执行整个过程的智能化安全管控，满足智能智慧电站对电力生产安全管理的业务需要，动态调整、优化安全结构，最大限度地降低安全运行的成本。

（二）主要功能

1. 两票系统与 NFC 卡融合

两票系统与 NFC（近场通信）卡融合：两票执行过程中实现现场扫码。

射频识别技术的载体一般具有防水、防磁、耐高温等特点，保证射频识别技术在应用时具有稳定性。就其使用来讲，射频识别技术在实时更新资料、存储信息量、使用寿命、工作效率、安全性等方面都具有优势。射频识别技术能够在减少人力、物力、财力的前提下，更便利地更新现有资料，使工作更加便捷。射频识别技术依据电脑等对信息进行存储，最大可达数兆字节，可存储信息量大，保证工作的顺利进行。射频识别技术的使用寿命长，只要工作人员在使用时注意维护，它就可以重复使用。

利用 NFC 技术将设备信息（KKS 编码、安装位置、设备参数等信息）写入 NFC 卡中，并根据 KKS 编码关联到关键的操作项目（或安全措施项）中，防止走错位置和误动设备，确保操作的安全性和正确性。

2. 两票系统与实时数据库系统通信

两票执行过程可根据 KKS 编码关联实时数据库中的实时数据，实时查看开关、设备等操作前后的状态变化，以及检修前后的主要参数变化。

3. 两票系统与视频监控联动

根据操作票的操作任务，工作票的检修任务关联具体位置的摄像头，实时自动跟踪监督，影音同步对讲，实现过程监督。

4. 两票系统与门禁系统联动

操作票的操作人、监护人，工作票的工作负责人、工作班成员、签发人，根据两票执行的进度环节对阶段进入现场人员进行相应的门禁授权，保障生产安全。

建立设备 KKS 编码与现场摄像头对照表，当维护标准操作票、标准工作票时，会根据 KKS 自动关连上所操作的设备附近的摄像头；当现场执行操作票、工作票时，随时可进行跟踪监控和影音同步对讲。

5. 两票系统与人脸识别集成

两票系统与人脸识别集成，可判断人员身份或进行安全识别。

二、综合智能安防管理

（一）实施内容

综合智能安防系统通过平台打通三维模型，打破现有的监控系统、消防系统、门禁系统、电子围栏、人员定位等系统之间的壁垒，实现一体化联动查询。

（二）主要功能

1. 三维可视化

3D 建模：随着 HTML5（标准通用标记语言下的一个应用）的发布，以及 3D 技术的不断改进，目前可以通过支持 HTML5 的浏览器直接浏览 3D 模型，不需要安装插件，即可实现 3D 展示和场景漫游。

3D 模型与其他设备集成，如安防设备、门禁、视频及人脸识别、消防设备、火警报警点设备和位置、智能机器人等，将这些设备在安防系统中统一注册（包括所在系统及标识、位置及联动设置）、统一管理、统一发布、统一展现。

厂区内整体的 3D 模型，通过 3DMax 1∶1 比例建模，进行厂区总图的 3D 模型搭建，包括完整的厂区道路及路边排水渠、厂区围墙、大门、电控涉及的照明、监控等辅助设施模型的搭建，完成全厂门禁点、视频点、火灾报警点、消防设施等的建模，以及在厂区总图中的位置定位。

智能安防平台打通三维模型与安防相关系统（监控系统、消防系统、门禁系统等）、电子围栏系统、智能巡检系统、设备管理系统壁垒，实现一体化联动、联防的效果。系统通过多个接口整合电子围栏、摄像头、消防系统、门禁系统、智能巡检、设备管理等子系统，通过在子系统和统一集中平台间建立条件映射关系，实现多个子系统间的集中显示、报警、联动、联防功能，主要有以下几方面功能。

（1）实现三维模型与视频监控系统联动。

将视频监控设备与三维模型中的对应位置进行关联映射，通过与视频系统的对接，可在三维模型中查看实时画面，以及通过视频监控系统调阅历史画面。支持当前范围内摄像头的搜索并高亮显示，点击即可与视频监控设备联动。对火灾、门禁等报警情况，视频系统自动拍照、摄像取证，能够基于三维和其他安防相关系统自动展示并做出响应、确认和处理警情，并结合响应预案提示用户做后续处理。当发生多处警情时，系统能够同时综合多处报警信息，合理展现。

三维与视频的互动可在以下几个方面（包含但不限于）进行交互。

①三维漫游浏览时，点击场景内的视频设备，查看实时监控画面及调阅历史监控信息。

②发生火警报警时，在三维模型中迅速定位到火警点的位置，查询附近的视频监控设备，查看实时火警情况。后续可通过查看历史监控画面确定火警原因。

③当设备运行指标发生报警时（如温度、震动幅度等），可根据设备在三维模型中的位置，通过调阅附近的摄像头查看设备运作情况等。

④人脸识别发生报警时，可根据报警的设备信息（如门禁或视频）迅速定位，查看实时画面和历史画面。

⑤电子围栏系统发生报警时，调阅附近摄像头进行监控和历史信息查看。

（2）实现三维模型与人脸识别系统联动。

三维模型与人脸识别系统的联动，可关联很多系统，如视频监控系统、门禁系统、生产管理系统、电子围栏等。系统实现视频监控系统人脸识别，根据人员职务、部门、职能等属性，使人员信息电子化，提高辨识度，能够实时和离线识别人员信息，迅速识别陌生人及异常行为，准确及时报警和取证。人脸识别主要用于视频监控中对人员身份的确认，以及人物外貌特征识别。除此之外，还包括对车辆的型号与车牌照的识别。结合门禁、人脸识别系统，统一由一体化平台判断合法合规性。如果非法操作，则会报警，可根据视频、门禁、电子围栏、BFS++等系统进行联合查询、分析情况。

人脸识别系统适用的场景（包含但不限于）如下。

①打开视频监控画面就可以直接进行人脸识别（需硬件支持）。

②敏感区域进入了非法人员或未经授权及未有相关资质的人进入。

③外来人员进入可预先登记，到时直接刷脸进入。

④高危区域的维护人员不合规（如未戴安全帽、未穿指定工服等）。

⑤敏感区域授权：因为人脸识别比指纹和门禁卡更可靠，可作为敏感区域的授权。

（3）实现三维模型与消防及火警报警点、门禁系统联动。

将消防设备与火警报警点映射到三维模型中的模型或点，三维漫游时，可提取区域内消防设备和报警点附近监控设备，查看火警报警点和消防设备的情况。如遇烟气警告或火警时，能快速在三维模型中定位到事故点的楼层。如果监控设备正常，可以查看报警点附近的情况，现场指挥。在应急响应过程中，为了方便应急体系的高速、有效运行，在火灾报警、作业安全事故等极端情况下，可以选择区域性门禁全部开启或全厂门禁系统开启。同时，在全厂失电等极端情况下，全厂门禁系统也将自动开启。系统在各电厂原有消防系统的基础上，将消防主机的报警信号接入系统，对报警的类型、区域进行识别，进而可以选择区域性门禁全部开启或全厂门禁系统开启。

（4）实现三维模型与门禁系统、监控系统、人脸识别系统联动。

将门禁设备映射到三维模型中的模型或点，三维漫游时，可点击门禁的三维模型查看打卡情况。如果门禁系统支持远程操作，可在门禁附近的摄像头查看来访人员情况，确认后可远程开门。

所有进入生产区域的人员在安全考试合格及定期体检合格后，被授权可进出生产区域大门和相关工作区域。实现每人一卡，根据工作岗位职责、工作性质设定其进入各种场所的权限，由门禁系统自动控制其可以进出的区域、场所，并对进出情况自动记录。在生产区根据情况在不同区域安装门禁，通过系统可以根据各种人员在现场的工作内容、范围设定其固定的活动场所，没有授权的场所则无法进入，且对进出所有门禁点的时间进行记录。通过系统可以根据人员的作业需要进行临时调整。例如，因为作业需要可以对特定的管理人员、本厂的作业人员、外来的施工人员等临时授权，授权其在特定的时间段内进出某些区域，并进行详细的记录。对于生产封闭区域的门禁采取最小化授权的原则，以减少安全风险，对这些区域的门禁原则上只能根据工作需要，对特定的作业人员在特定的时间段内授权进入。对于由门禁系统控制的场所，作业人员进场的权限可以实现有条件的约束。例如，为完成某项工作，必须授权某人（或某小组）进入某个场所，但必须由其他人员完成相关的前序工作（如前一道工作必须完成，或安全检查人员进行了现场作业环境安全检查）后该授权才能生效。

（5）实现三维模型与电子围栏、视频监控、人脸识别联动。

三维模型与电子围栏联动主要是将电子围栏设备映射到三维模型中。通过视频监控设备监控围栏情况，通过人脸识别系统识别人员身份或体貌特征及附近车辆等。在三维漫游时，点击电子围栏设备即可与电子围栏系统进行联动。

（6）实现门禁与两票系统的联动。

系统实现门禁与两票系统的联动，当工作票选择作业人员后系统可以自动给门禁系统授权，无需人员再进行授权操作，既实现了区域自动授权，又未增加工作量；通过门禁系统实现对工作票的开票、现场确认、结票等节点的控制。

①许可人许可开工。负责人和许可人去现场确认安全措施是否完善，在现场许可人需确认是否到达现场；现场确认安全措施完善后，许可人许可开工，同时给负责人现场门禁及集控室授权。

②工作负责人确认开工。开始工作前，负责人必须在集控室刷脸，否则流程无法提交；负责人刷完脸后，提交工作流程；流程处理成功后，系统自动给工作班成员进行现场门禁授权。

③负责人签字确认终结：许可人须到现场确认，然后才允许工作班成员离开现场，并校验全部班组成员离开现场，否则无法提交流程。

④工作许可人终结工作票。签字确认终结时，收回所有班组人员现场门禁权限（包括负责人）。

⑤工作负责人变更。在工作过程中有工作负责人变更的情况时，经许可人确认，将原工作负责人现场门禁权限收回，并给新工作负责人现场门禁授权。新工作负责人开始工作时，必须在集控室有刷脸记录，否则流程无法提交。

⑥工作票押票。许可人批准押票后，收回负责人及工作班成员的所有权限；许可人批准重新开始工作时，重新对负责人及工作班成员授权。

系统具备报警联动配置功能，支持报警输出声光信号提示；通过统一平台建立的联动实现了各子系统最短路线、最快反应，实现指挥中心的控制效果，也为后续的功能扩展提供更大的空间。

2. 视频监控

目前厂级大部分电厂已实施了门禁一卡通系统、施工现场视频监控系统、消防报警系统等。为提升各系统的功能，建议将三维、视频和图像处理人脸识别、大数据等先进技术整合成一个智能安防一体化平台，提高安全生产的管理水平。

智能安防管理系统通过提取、汇总各子系统的生产、管理和过程数据，并进行相关统计数据报表的设计和管理工作，为管理者、决策者提供全面、深入的数据支持系统，方便他们从根本上解决问题、把握趋势。平台根据工作需要对电厂人员及车辆的数据进行分析，对各类作业过程进行视频监控等，实现对电力生产中密切相关的人员和设备从时间、空间、作业（活动）过程进行全方位的集中管控，从而整体提升电厂的安全生产管理水平。

视频识别方案主要是根据摄像头的实时数据流发到平台的 GPU 服务，通过基于深度学习的识别算法识别出人员信息。平台除了支持视频监控设备以外，也支持手机和平板摄像头作为视频设备。

（1）人脸识别。

将公司人员信息、外包人员信息、访客信息录入系统中（如人员职务、部门、职能等），平台通过 GPU 服务器实时处理摄像头的视频信息，根据基于深度学习的人脸识别算法，识别摄像头中的人员信息，与系统进行比对。未在系统中注册的人将被识别为陌生人，根据地点及安全策略，进行提醒或报警，并保留视频图片作为证据。

（2）车辆识别。

基于车辆监控系统和综合安防管理平台联动，在行车场景、卡口场景中抓取监控中的车辆信息，同时反馈车牌号码及图像信息，在平台或监控大屏中进行统计和展示。

（3）安全视频智能识别。

当前电厂主要通过工业摄像头进行安全监控，使监控人员足不出户即可"眼观六路"，虽实现了遥控远程监控，但仍然存在以下几方面问题。

①人的精力有限，监控人员无法 24 小时无间断全程高质量监控。

②人的安全意识和技能水平有差别，监控人员无法对设定的安全事故全部无遗漏检测。

③监控人员多为安保、消防人员，不具备安全事件识别的能力。

④现有的监控方式难以及时发现安全事件，多数情况用于事后调查取证。

⑤人工监控效率及准确率均难以满足日益增长的数字化监控需求。

⑥大量的无用视频信息淹没了少量的有用信息，使有用信息的获取变得困难，造成了信息污染，也占用了极大的存储空间。

为解决这些矛盾，将人工监控转化为智能监控，可以进行安全视频智能识别系统相关的建设项目，主要包括但不限于以下识别。

①人员安全帽佩戴识别。监控人员安全帽佩戴情况和是否有非法操作行为发生，通过对安全帽检测和颜色识别的算法，实现对施工人员是否佩戴安全帽的判断及对施

工人员身份的识别。

②高空安全作业防护。在高空作业过程中，人员应悬挂安全绳，并保证安全绳悬挂的高度高于头部。首先，根据运行规范及摄像头分布，系统自动划定出高空作业区域；然后，通过画面分析，识别出安全绳及人员；最后，通过判断画面中安全绳与人员的位置，确定是否发出报警信息，主要应用区域为高处作业，区域太多，无法定点，应用移动摄像头。

③生产区域吸烟识别检测。对人员吸烟特别是人员流动吸烟进行识别并报警，主要应用区域为生产区域，重点是生产区域各路口和重点防火区域。

④生产区域不正确着装识别检测。对穿短袖、短裤，以及辫子、齐肩发未盘在工作帽内的人员进行识别并报警，主要应用区域为生产区域，重点是生产区域各路口和重点防火区域。

⑤粉尘严重超标区域未戴口罩识别检测。对粉尘严重超标区域未佩戴口罩进行识别并报警，主要应用区域为渣仓（放渣时）、磨煤机、空预器、吹灰器、C12 A/B、C15 A/B、输煤廊道、煤仓间、灰库、石膏库等。

⑥值班睡觉识别检测。值班期间不能睡觉，对上班特别是监盘期间睡觉的员工进行识别并报警，主要应用区域是集控室、输煤集控室、地泵房等需要人员24小时值班的地方。

⑦孔洞、沟道盖板等未设置安全围栏识别检测。对现场打开的地面盖板、未回填的土坑等没有安全围栏进行识别并报警，主要应用区域是生产区域。

⑧没有硬隔离开展垂直交叉作业识别检测。对在同一坠落基准面上进行两处或以上作业（包括动火、脚手架拆除等），且中间没有硬隔离的进行识别并报警，主要应用区域是高处作业区域，应用移动摄像头。

⑨部分特殊区域独自作业识别检测。一是动火作业区域。必须要有动火执行人和动火监护人，独自一人开展动火作业即违章，对此类情况应能识别并报警，主要应用区域是动火作业现场，应用移动摄像头。二是高危风险区域。无论是操作还是作业，必须有人监护，独自一人工作即违章，对此类情况应能识别并报警，主要应用区域是配电室、升压站、主变、高厂变、氨区、氢站、酸碱罐区等高危风险区域。

3. 人员定位

基于三维可视化的人员定位系统，通过无人机倾斜摄影和3D激光扫描技术建立电厂三维模型，作为定位和业务功能展示的基础；作业现场部署定位设备及网络，实现对人、车的实时位置监控；集成现有的视频监控系统、门禁系统、两票等作业管理系统，实现人员位置与视频监控和门禁联动，以及人员位置与作业联动等功能，如图 6-3 所示。

图 6-3 三维可视化示意图

系统通过数据挖掘智能推荐关注区域、关注作业、关注人员，让安全管理做到有的放矢；通过对人员行为进行分析，实时监控外委人员无票停留超时、作业位置不匹配、关键人（监护人和负责人）不在场等违规作业情况，并推送至相关管理人员；通过电子围栏、黑白名单授权等技术有效预防作业安全风险，同时可联动视频监控，查看现场实际情况，提升安全管理效率，具体包括以下几方面。

（1）高风险作业管理。

系统发现高风险作业会报警提醒安全人员进行关注，在高风险区域作业实施电子围栏管控，在氨区、氢站、油库、升压站、主变等设定电子围栏并安装智能报警设备。通过语音提醒和声光报警防止无关人员靠近和闯入。

（2）外委人员入场管理。

①进出场统计。根据定位情况详细记录外委人员进出厂时间和停留时长，实时统计各外委单位人员进出厂情况。

②工作信息查询。提供标准数据接口，接入电厂两票系统信息，根据实际位置匹配至相应区域，实现两票分区域列表统计和查询。统计各区域两票数量、两票类型、两票风险等级，对高风险作业重点提醒和报警。

③视频监控联动。三维地图上可显示各区域视频监控设备的统计与分布。可快速定位视频设备，支持实时与历史视频的调取查看。可基于人员当前位置自动调取对应的视频监控，支持人员移动时的视频自动切换。

④智能电子围栏。电子围栏可在三维地图上进行可视化配置，支持多种形状，满足不同设备及区域需求。电子围栏按类型可分为固定、临时和自动围栏，自动围栏可根据接入作业信息自动开启、关闭相应的围栏，防止非授权作业人员闯入。

⑤违章作业监督。通过人员区域定位、视频监控、视频与关键区域联动，实现人员越界报警、外委人员低安全等级报警、无信号或超时作业报警，及时监控人员现场作业情况，尤其是高风险作业，实现人员实时安全监控与风险管控。

⑥异常、事故分析。事故发生后，本系统的历史轨迹查看功能可通过多种不同维度（时间维度、人员维度）还原事故发生经过，为事故分析提供有力证据。

（3）安全智能管控。

到岗到位和巡检点如图 6-4 所示。

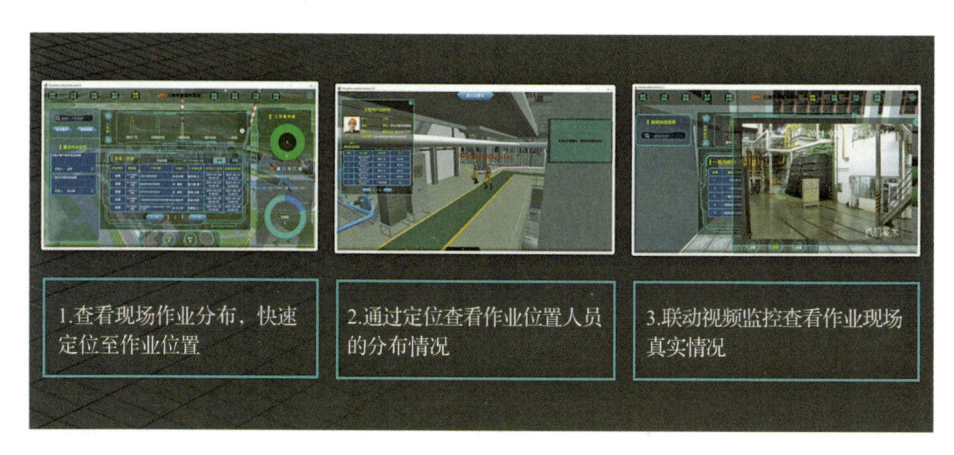

图 6-4 到岗到位和巡检点

①系统自动记录到岗到位及巡点检情况。
②实时监测安全监察人员到岗到位情况及未到位提醒。
③实时监测运行和设备部人员巡点检情况及漏检提醒。
④统计分析到岗到位及巡检情况，并支持导出打印。
⑤支持发送至指定领导邮箱。
⑥应急辅助功能。

当现场发生火灾等紧急情况时，可以通过智能报警设备下发撤离的语音指令，也可以通过定位查看现场人员位置，做出撤离引导或者指挥人员灭火的决策。

（4）事件追溯查询及分析。

发生事件后可查询人员的历史轨迹，查看哪些人进入或经过事故发生区域，在播放历史轨迹的同时，可联动视频监控还原当时的场景，更便捷地分析事故原因。

（5）报警智能提醒。

主要监控报警内容如下。

①现场作业发生危险，作业人通过标签 SOS 按键报警求救。

②作业现场布置虚拟电子围栏，黑名单人员靠近围栏报警、闯入围栏报警、超员作业报警。

③作业人员在现场长时间静止不动的静默报警。

④高风险作业、无票停留超时、作业位置不匹配、关键人（负责人、监护人）不在场报警。

（三）实施后的效果

通过人员区域定位、视频监控、视频与关键区域联动，实现人员越界报警、外委人员低安全等级报警、无信号或超时作业报警，及时监控人员现场作业情况，尤其是高风险作业，有效实现对人员的实时安全监控与风险管控。

（1）实现对外委人员现场作业的实时监控，实时监测非法闯入、超时作业，视频联动监测反违章作业，以及对人员安全培训等级及持证上岗资质审查等。

（2）实现到岗到位实时管理，落实各级人员安全生产责任制，督促生产管理人员重心下沉、关口前移，加强安全管理和监督的力度，实现安全生产的可控、能控、在控。

（3）实现现场巡检人员巡视管理，提供人员定位、历史轨迹查询，进行事故后期分析及日常管理，提供有效的管理手段，提高巡检质量。

（4）通过分区、两票作业监控，进行门禁设备动态授权，实现现场作业安全管控，防止非分区作业人员非法闯入，实时保障现场作业的安全。若存在非法闯入可联动视频设备进行动态跟踪。提供人员实时定位与历史轨迹，根据不同设备与风险作业形成电子围栏，提供非法越界提醒，同时提供多维度事故事后分析。

（5）通过安全巡查终端，实时掌握现场作业人员分布、安全等级；实时对现场反违章作业进行及时评价；确保现场安全巡查的有效性与及时性，方便安全管理人员现场巡查管理。

（6）根据外委队伍资质、培训情况确定作业人员上岗管理，通过区域等级授权，针对低安全等级作业人员非法闯入进行实时监控与预警，保证对现场作业人员的资格进行实时审核。

（7）通过人员定位技术及轨迹路线实时记录工作人员到岗到位情况，自动统计到岗率、缺岗率等数据，做到到岗到位实时管理，到岗到位可控、在控，落实生产责任制。

三、安全教育培训平台

（一）实施内容

开发安全教育培训资源云及培训相关产品，建立安全生产云培训平台，实现安全培训工作管理提升，创新安全生产云培训体系。

（1）通过大量多媒体安全培训资源，解决企业师资缺乏，培训形式单一、枯燥、低效等问题；通过数字化安全培训途径，解决全员安全生产培训、工学冲突及培训学时、效果不足、档案不规范、缺少监督考核机制等问题，实现各子单位安全培训工作的常态化，实现对全员 100% 的安全培训。

（2）构建系统、可持续更新的安全培训课程体系。通过以考促学、学习排名，化被动培训为主动学习，激励员工主动答题、错题重做和对相关知识点反复学习，提高员工对知识点的掌握程度。

（3）规范安全培训监督管理，强化人员管控。通过平台强化安全培训档案管理，实现一人一档，并建立安全培训大数据，通过平台可监督各部门所有员工的基本信息、培训记录、岗位情况等，规范安全培训监督管理，提高管理者对人员的安全管控能力。

（二）主要功能

1. 人员管理

（1）单位结构维护：平台可以从上而下设置多级安全生产教育培训责任体系，对单位的组织架构进行维护。

（2）学员信息维护：管理员可维护学员信息，包括增、删、改、查，导入、导出，以及部门调动、离职等。

（3）单位管理员可设置部门管理员。单位管理员和部门管理员的功能类似，但管理范围不同。

2. 课程管理

（1）平台设置有针对性的安全生产培训课程，每个课程均包含学习资料等课件及配套的考试题库，课程内容涵盖法律法规、安全管理、安全技能、安全规程等多个方面，每个课程均配有专属题库，保证员工在学习过程中明确学什么、练什么、考什么。

（2）支持培训管理员自行上传课程，丰富和完善安全生产知识体系。可进行自制课程节点维护、自制课程的上传。新增自制课程时需要完善课程名称等基本信息，进行课程中课件和题库的维护。管理员上传课程，需要设定课程的使用范围，单位管理员可调整课程的使用范围。

3. 项目管理

可查看已创建的培训项目，可对项目进行修改、删除等操作。对未发布、未开始、进行中的项目提供修改功能；未发布的项目可删除；已发布未开始的项目可取消发布。

4. 积分管理

通过积分管理模块，管理员可设置积分类型、各个类型的积分标准，学员按照积分标准获取积分信息，进而实现学员积分排行和积分信息统计。

5. 档案管理

人员档案记录当前单位所有人员信息的培训及自学记录。

项目档案供管理员查看及存储本单位所有培训记录，并支持导出。

6. 统计查询

形成安全培训大数据，通过对培训人数、培训率、累计学时、年度学时、人均学时、项目数量、培训完成率、考试合格率进行统计分析，可为上级单位提供分析数据，强化安全培训监督管理工作。可分层级查看各级单位的培训统计信息，可对具体单位进行培训统计信息的查看。

（三）实施后的效果

1. 降低公司安全培训成本

基于互联网的安全培训模式将海量培训课程上传，学员可以多次重复、不间断地进行学习，减少师资、教材、试卷等成本投入。

2. 节省公司人力资本投入

相较于传统的专业培训、纸质考试，安全生产云培训模式不仅能实现培训项目的建立、在线学习、在线考试等功能，还可对学员的培训档案进行自动化管理，实现安全培训的精细化、规范化、常态化。

3. 提升公司安全经济效益

更具吸引力的安全培训激发了员工的学习兴趣，在潜移默化中提高员工的安全素质，大大降低安全事故的发生，降低因事故造成的不可估量的经济损失。

四、输煤智能巡检机器人

（一）实施内容

在输煤系统某段皮带上使用一套挂轨式智能机器人，实现全时智能视觉分析、机器人精准主动测温、移动双光监控、环境监测、机器人防水防尘、安全作业监控、连锁控制相关输煤设备七项目标，如图 6-5 所示。

图 6-5　接轨式智能机器人

（二）主要功能

1. 自主巡检及实时监控

机器人具备完全自主巡检、定任务自主巡检、遥控巡检等多种巡检方式。目前采用的自主巡检可以根据指定的任务到达巡检目标点进行巡查，在巡检点以外位置自动匀速巡检。针对运行过程中高风险隐患位置进行定点巡检，在重要巡检点停留两分钟，通过视觉和红外双光重点巡查。

2. 巡航测温

智能机器人搭载的红外热像仪，根据红外热成像原理，能准确检测设备运行时的表面温度。同时在后台监控界面上，准确显示当前拍摄设备的运行温度。如果温度值超出预先设定的阈值，则会发出警报。

3. 环境监测

巡检机器人携带气体探测器与温湿度传感器，可以随时对输煤栈桥内的空气环境、温湿度进行分析并得出结果。

4. 数据远传与报表

机器人智能巡检系统配备专业通信设备，保证数据传输的稳定、可靠，机器人在执行任务的过程中，能够将所记录的数据或视频信息通过无线网络传回主控室，并自动记录地点和时间等信息。

5. 远程遥控

可通过后台平台、移动端遥控机器人执行指定命令，实现对机器人行进、主动灭火等功能的远程控制，后期开放外网可实现移动端远程遥控功能。

后台平台还具有一键抵达目标位置的功能，可在发生紧急情况时以最快速度派遣机器人前往现场查看确认。

6. 异常抓拍及声光报警

机器人加装异常报警停留及抓拍功能，通过加装该功能，机器人在巡检过程中如发现异常情况将停止当前的巡检任务，通过在集控室声光报警提醒监管人员，将异常画面展示在机器人后台平台，并抓拍照片，存储在异常情况报警数据库里。

（三）实施后的效果

经过在输煤系统布置智能巡检机器人，实现无人化巡检，降低人力资源成本，提升应用区域设备的可靠感知、现场再现、即时响应，方便决策。

五、锅炉防磨防爆系统

（一）实施内容

在公司建设一套锅炉防磨防爆可视化管理系统，本系统主要分为公司侧数据应用中心与电厂侧用户使用的锅炉防磨防爆应用系统，以电厂侧锅炉防磨防爆日常管理作为基础数据，形成公司侧防磨防爆数据应用中心。

（二）主要功能

1. 公司侧数据应用中心

公司侧锅炉防磨防爆数据应用中心支持按公司业务需求对厂侧锅炉防磨防爆可视化数据进行数据读取，并依托厂侧业务数据进行综合分析，指导各电厂防磨防爆工作。同时公司侧数据应用中心应实现对厂侧数据的访问，在公司侧客户端内通过选择不同的电厂即可访问相应的数据。

（1）组织机构中心。

支持各电厂防磨防爆管理小组、防磨防爆工作小组等相关专项管理组织架构的访问查看功能。

（2）设备信息中心。

支持各厂侧机组基本静态信息、图档资料的访问与查看功能。

（3）数据分析中心。

支持对厂侧各类检修记录实现综合对标与访问查看功能，对标与访问的数据信息包括但不限于检修文件归档统计、检修缺陷数据、检修测厚数据、检修换管数据等。

①检修文件归档统计：支持对厂侧检修信息的统计功能，包括但不限于各厂对检修项目、开始时间、结束时间、检修记录文件归档进度等的统计。

②检修缺陷数据：支持查看各电厂统计的缺陷记录，包括查看具体的记录内容、所属检修项目和处理结果，并进行汇总分析。

③检修测厚数据：对各电厂不同锅炉最近检修项目的测厚数据进行汇总分析。

④检修换管数据：对各电厂不同锅炉实现最近检修项目的换管数据进行汇总分析。

⑤炉外管道检修分析：支持对厂侧锅炉外管（炉侧疏放水）检修信息的查看、统计与分析。

（4）运行监控中心。

①机组运行对比分析：可依据各厂防磨防爆管理软件内的数据，显示每台锅炉运行情况，至少包括投运时间、累计停运次数、累计运行小时、年度停机次数等信息，并计算出锅炉累计运行占比和年度运行占比。

②机组泄漏对比分析：可调取厂侧泄漏数据，从公司的角度对锅炉（多台同类型或相似型锅炉）的泄漏进行统计分析，可按多个维度进行统计，包括泄漏因素、泄漏设备及电厂对标等角度。

③机组超温对比分析：可调取厂侧超温数据，从公司的角度对锅炉的超温情况进行统计分析，可按多个维度进行统计，如超温位置、超温时长、超温次数、超温设备以及电厂对标等。

④汽水指标分析：可获取电厂侧汽水指标数据，可根据自定义自动推送并记录汽水指标超限情况，可采取多维度方式对汽水指标进行对比分析。

（5）泄漏监控中心：可通过构建泄漏指标监控模型并基于厂侧各机组实时运行数据，从机组盘面数据的角度实现机组的实时泄漏指标特征分析，并输出当前机组存在泄漏的概率指标，方便分公司管理人员对各厂机组的泄漏风险状态进行实时监控。

（6）泄爆案例中心：可实现锅炉泄爆案例中心的设计建设。对集团内外锅炉泄爆的历史事件进行诊断分析，包括泄爆事件的现象描述、诊断分析结论、应对措施等内容。

2. 电厂侧主要功能

（1）综合展现模块。

综合展现模块包含数据统计模块（用于实现机组核心参数信息及系统核心应用信息的展现）、机组信息简报模块（用于快速掌握机组的核心参数信息）、检修信息简报模块等数据信息模块（用于快速掌握机组近期的检修维护情况），以方便有关人员快速掌握系统运行情况及机组的运行状态。

（2）管理台账模块。

管理台账模块的目的在于实现防磨防爆体系建设工作的集中管理，明确防磨防爆组织机构职责，管理防磨防爆各项相关制度、规程、标准，推动管理体系的落实与实现体系建设成果的直观展现。该模块下应至少包含组织机构管理、工作总结计划、制度标准等二级功能，对上传的文件要求支持 Word、Excel、PDF 等主流文件格式的在线预览，并支持批量上传。

（3）设备台账模块。

设备台账要求实现对锅炉基本信息、管排信息、集箱信息、焊口信息及图纸资料的管理功能，具体功能如下。

①可实现锅炉基本信息的展现。可根据需求自定义添加展示的内容，用户可自己灵活添加相关字段进行展示。

②可实现通过选择设备树不同的层级，展示不同的信息内容，如点击锅炉级别可展示锅炉的相关信息，点击受热面可显示受热面的相关信息，并可添加相关图片。

③可实现对各个受热面管排、规格、材质等信息的综合展示页面，在此页面中可对所有受热面的管排及规程材质信息进行统一显示。

④可实现对各个集箱信息的综合展现页面，在此页面中可对所有受热面的集箱及规程材质信息进行统一显示。

⑤可实现对各个焊口的综合展现页面，在此页面中可对所有受热面的焊口梳理、焊口位置以及焊口材质信息进行统一显示。

（4）检修台账模块。

检修管理是锅炉检修的全过程管理模块，包含检修项目管理、检修文件归档、检查记录管理、泄漏记录管理等功能。检修台账模块至少要包括以下功能。

①检修项目管理：检修项目支持基于检修项目的检修策划功能。当用户完成检修计划创建后，通过检修策划功能，支持用户快速检索、引用该机组的历史遗留缺陷数据，如吹灰卡顿数据、壁温监控数据、劣化分析数据等信息，进而智能生成推荐检修区域，并支持 Word 格式的文本导出，作为检修策划的基础数据。

②检修文件归档：系统提供专属功能模块，以实现用户电厂防磨防爆检修过程中各类电子版文件的归档功能，方便日后调阅查询。

③检查记录管理：可通过对各类检修非结构数据的整理与分析，为锅炉状态评估、检修计划制订、防护措施选取提供切实可用的数据支持。其中管理记录类型应包括遗留缺陷记录、换管处理记录、膨胀指示管理、吹灰卡顿记录等。在功能设计上应充分考虑数据分析的业务需求与数据管理的难度，在数据展现界面与统计维度设计上应充分考虑用户的实际需求。

检查记录包含但不限于锅炉四管、锅炉外管（疏放水）、汽机主再热蒸汽管、汽机本体输水管等主要高温高压管道。

④泄漏记录管理：支持泄漏基本信息如泄漏位置、时间、主要原因、次要原因的录入及泄漏分析报告的归档与查询。泄漏记录添加完成后，用户可快速查询泄漏受热面相关数据，包括设备基本参数、遗留缺陷记录、换管喷涂记录、焊口检查记录、劣化分析数据、壁温监控记录、吹灰卡顿记录、运行调整记录等，以辅助管理人员分析泄漏原因。

（5）数据监督模块。

数据监督模块主要用于收集汇总其他平台上的相关数据，并进行实时监控、分析与报警，数据监督模块要求至少要包括以下功能模块。

①金属壁温监督：实现以热力图的方式对壁温的分布情况进行展示，同时热力图要对受热面所有排、所有管的温度进行展示。当真实测点只有部分时，要求实现对壁温温度的补全计算，同时实现对超温数据的统计功能。

②运行调整监督：实现对负荷、主气温、主气压等大指标的实时监测，并对变化率进行监测。

③机组启停记录：要求实现对机组启停的记录功能，同时可关联查看机组启机及停机阶段的负荷曲线，同时要求自动统计机组运行小时。

④泄漏辅助监控：能够充分利用机组历史运行数据，并基于大数据分析算法，综合多项机组运行参数，如机组瞬时水平衡、机组累计水平衡、机组烟气温度、机组烟温偏差、受热面金属壁温、炉膛负压等指标，构建机组运行状态监控模型与机组泄漏风险系数评估体系。通过算法开发实现机组实时运行工况状态的分类与识别，进而有效实现锅炉四管泄漏的早期风险识别与风险预警提示，同时服务于泄漏事件的历史追溯与原因分析。

⑤运行综合看板：实现对防磨防爆相关运行指标的集中监控与分析，支持基于业务需求的优化开发。监控统计功能至少包括受热面热偏差分析、炉膛温度中心监控、热偏差控制值寻优、机组负荷曲线、泄爆指标状态监控、金属壁温监控、泄爆关联指标展现等。

⑥机组启停监督：提供机组启停监督模块，用于记录机组的启停次数，并对机组启停过程中的调整超速现象进行统计分析。

⑦自定义指标监督：自定义参数监督模块，用于其他参数的数据抓取与统计分

析，系统支持用基于实际管理需求自定义参数的上下限值，并由系统自动生成数据曲线与异常统计报表。

（6）劣化分析模块。

劣化分析模块用于实现防磨防爆管理中涉及管道减薄等具备连续性劣化特征的劣化数据分析。

引入定点检修位置码体系概念，以位置码作为检修记录的位置标注，用户可按位置码上传相关位置记录。

可整体显示各个受热面的预测减薄比率区间分布、实际减薄比率区间分布、剩余寿命区间分布和减薄速率区间分布；可根据定点检修位置码体系，以列表和图形的形式记录和展示各受热面的测厚记录。劣化分析模块要求至少包括以下功能模块。

①记录管理：可对测厚记录进行管理，用户可以下载系统自带的位置码体系测厚记录模板，根据模板格式填写测厚数据后可直接导入本系统中。要求此模块能显示历次检修项目下的各位置具体测厚数据。

②位置维护：用户可自行维护定点检修位置码体系的位置，维护内容至少要包括位置码、位置名称、总排数、总根数、原始壁厚和壁厚限值等信息。

（7）汽水指标分析模块。

汽水指标通过在线取值或手工录入，要求实现厂侧汽水指标数据的统计分析，可对超标指标查询，可实现不同维度的对比分析。

（8）三维可视化模块。

三维可视化模块根据锅炉真实物理结构实现1:1高精度还原建模，还原具体指标参数及结构细节包括受热面及其下属管道的结构尺寸、设备材质、焊口、弯头、集箱等模型建模细节。

三维可视化模型主要包含锅炉水冷壁、包墙、过热器、再热器、省煤器、四大管道、连接管道、设备集箱支吊架等设备。

三维可视化可支持模型的自由旋转、平移、缩放、复位、视图角度切换、分级显示控制等基本交互功能。支持透视视图与正交视图的切换显示功能，支持鸟瞰、飞行、行走等多种视图浏览访问模式，支持背景颜色的自由切换，支持设备透明度的控制调整。

三维可视化可快速访问、查询设备静态（动态）台账信息、金属壁温监控等运行参数信息。针对重要数据类型，如缺陷、换管、泄爆、减薄分析等业务设置专门的模式场景。支持相关数据在三维可视化模块中的增删改查与位置标记绑定等功能。可提供汽水流程演示场景，方便新员工的入场培训与业务沟通。

（三）实施后的效果

通过锅炉防磨防爆可视化系统建设与应用：一方面可加强对电厂侧锅炉防磨防爆工作的日常管理，对锅炉的寿命、检修、换管、汽水、劣化等进行全过程监督管理与跟踪；另一方面利用大数据中心对所属企业锅炉相关数据进行对比分析，查找防磨防爆管理存在的问题，指导各电厂进行防磨防爆管理工作，降低锅炉四大管道泄漏的频次，提升公司及所属电厂锅炉防磨防爆管理水平，为机组的安全稳定运行保驾护航。

附录一

核心业务及主要功能一览表

附表1 核心业务及主要功能一览表

管控中心	核心业务	主要功能	主要业务
安全环保监控中心	环保管理	环保在线监测	①监管环保排放参数与指标 ②对环保事件的统计、分析
		环保监督监察	
		环保综合管理	
	安全监察	安全检查方案	对安全生产状况、劳动条件、事故隐患、危险因素等进行查证,对整改措施和情况进行监查
		安全监察评估报告	
		问题分析与整改	
	风险评估	危险源辨识	风险信息收集与处理、风险评估方法选定、风险辨识与评估、风险过程控制、高风险作业管控等
		风险分析与评估	
		专项管控方案	
		控制措施实施	
	高风险作业	高风险作业上报	按照高风险作业制度,建立高风险作业数据库,并对高风险作业进行专项监控和统计分析
		高风险作业监控	
		高风险作业分类统计	
	隐患管理	隐患排查	排查隐患,进行检查甄别;制定整改治理方案,监管执行效果,并进行统计分析
		隐患整改	
		隐患分类统计	
	危险品管理	危险品台账	对危险化学品、易燃气体、液体防爆、特种设备,以及危险源进行管理、评估、统计分析
		危险源安全评估	
		危险品与危险源统计	
	反违章管理	违章监察与上报	通过缺陷、工作票、AI监控等手段发现现场违章行为,并进行考核评价与统计分析
		违章考核	
		违章统计分析	

附录一　核心业务及主要功能一览表

续表

管控中心	核心业务	主要功能	主要业务
安全环保监控中心	事件管理	事件上报	了解未遂和异常事件、事故及一类障碍、二类障碍的发生情况，并进行分析统计
		事件预警、报警	
		事件统计分析	
	安全培训	安全培训计划	对现场作业人员进行培训管理，包括计划、题库、考试、评价等相关过程
		安全培训执行	
		安全培训检查考评	
	承包商管理	准入资质审查	对承包商实现从准入资质审查、教育培训、现场施工管理到业绩评价离厂的全过程管理，实现相关资质到期提醒与控制
		教育培训	
		现场施工管理	
		业绩评价离厂	
	职业健康管理	职业健康库	职业病危害项目申报、危害因素检测、防治效果评价；职业健康监护；职业病防治培训、宣传和交流；职业病事故调查处理
		职业病防治培训宣传	
		职业健康监护	
		职业病事故调查处理	
	消防管理	消防设施台账	对消防设施与设备、消防人员、消防预案进行管理，开展定期检查、定期校验等工作
		消防隐患与预案	
		消防定期工作	
	生产信息报送	一级报送	情况十分紧急，须报公司领导
		二级报送	情况较为紧急，须报有关部门
		三级报送	日常报送的安全生产信息
	设备管理	设备台账	设备规范、主要附属设备规范
		检修记录	检修经历、设备异动变更等
	缺陷管理	缺陷录入	包括缺陷的录入、消除、验收、评价、分析、预防、控制、统计、考核等
		消缺管理和管控	
		缺陷分析	
	定期工作	设备定期工作	包括定期清理、校验、保养、润滑等
		运行定期工作	定期试验和定期轮换
	检修管理	检修计划	检修计划申请、审批，工期计划、费用计划、计划调整，检修开工
		检修准备	
		质量及进度控制	检修实施情况与管控
		外包项目管理	外包或承包商及项目管理
		检修评价和考核	统计分析，效果评价

续表

管控中心	核心业务	主要功能	主要业务
安全环保监控中心	技改管理	技改计划	技改项目计划的报送、审核
		质量及进度控制	实施情况与管控
		验收与评价	验收及效果评价，统计分析
	两个细则	实时进行深度调峰统计分析	两个细则统计分析，以及考核、补偿（盈利、补偿电量、补偿金额）
		考核与补偿	
	非停管理	非停事件快报	对非停事件进行通报、考核，开展统计分析，并制定防范措施
		非停事件统计分析	
	保护投退	保护连锁投退记录	保护连锁投退记录和数量的统计
		投退数量、设备分析	比较监控主机和辅机保护连锁投退情况
	异动变更	异动发起、审批	包括异动发起、审查和批准、实施、异动结束、系统恢复过程，对各个电厂异动原因、数量进行多种维度的分析、对比
		异动实施	
		系统恢复	
		异动的统计、分析	
	节能管理	节能指标	对月度、年度节能指标完成情况进行统计
		耗差分析	综合经济技术指标、小指标、入炉煤指标
	技术监督	技术监督指标计划	实现技术监督计划的审核、报送、汇总，根据计划情况，跟踪技术监督执行情况，收集技术监督月报，开展技术监督半年、年度总结
		重大问题整改计划	
		重大问题告警管理	
		技术监督统计分析	
	可靠性	可靠性报表	可靠性数据的报送、查询
		统计分析	可靠性指标完成情况分析
生产指挥应急中心	生产监控	安全生产总览	大屏首页
		发电生产监控	发电生产运行和设备状态实时数据
		安全环保监控	安全环保状态实时数据
		燃料供应监控	燃料进耗存量与煤质实时数据
		现场视频监控	电厂重点区域视频
	生产指挥	大屏展示内容支持	配合大屏实现监控画面的业务与数据支持
		数据保障支持	
	应急管理	应急值班、应急预案	集成相关应急指挥系统
		应急处置响应	

附录一　核心业务及主要功能一览表

续表

管控中心	核心业务	主要功能	主要业务
在线经营管控中心	综合计划	综合计划配置	综合计划管理通过综合计划编制模板进行上报，通过综合计划指标分解、下达、设定年度目标，通过对指标、项目、科目等不同管控对象的分析实现年度、季度和月度的监督、管控和考核
		年度综合计划	
		月度综合计划	
		综合计划考核	
	财务预算	预算配置管理	财务预算通过建立综合计划的生产计划、资本运营计划、投资计划、专项计划等与财务预算的业财关联，为综合计划的财务预算的编制及汇总平衡、执行反馈、查询、分析、调整、考核评价等提供支持
		年度预算管理	
		月度预算管理	
		预算考核	
	对标管理	对标指标配置	构建覆盖企业生产运营管理工作的一系列评价指标，并通过对标指标的分析、评估和应用，为综合计划和财务预算编制和调整、绩效评价等提供依据
		指标统计	
		对标分析	
		评估及监督考核	
	绩效考核	绩效考核配置	构建规划的考核指标体系、计分和评级规则、考核分工和流程，加强短板考核，加强过程管控，建立科学、有效的经营业绩考核评价体系
		年度经营考核	
		月度经营考核	
	经营活动分析	宏观市场与综合计划	经营活动分析以综合计划和预算为基础，以关键生产经营活动为核心，从多层面全面分析和揭示影响综合计划和预算实现的因素的基本情况、未来趋势及其对计划和预算的影响程度等，包括经济及市场环境（宏观层面）、生产及经营情况（中观层面）、关键业务活动情况（微观层面）
		资本市场与财务状况	
		煤炭市场与燃料管理	
		安全生产与环境保护	
		项目管理	
		新能源产业	
		化工产业	
电力交易优化中心	市场分析	负荷预测与分析	全面、系统地汇总区域内负荷信息、电网信息、用能信息、交易信息、新能源发电能力、火力发电信息，开展市场信息分析工作（主要包括负荷预测与分析、区域竞争力分析、市场形势分析、成本利润分析、交易情况分析、经营情况分析、电热生产分析、供热情况分析），遵循区域公司交易策略，开展电力市场营销工作，为发电企业获取市场电量和基数电量
		区域竞争力分析	
		市场形势分析	
		成本利润分析	
		交易情况分析	
		经营情况分析	
		电热生产分析	
		供热情况分析	

续表

管控中心	核心业务	主要功能	主要业务
电力交易优化中心	交易组合	边际成本测算	基于市场分析，通过边际成本测算，对各企业边际贡献能力进行排序，按照低成本、低能耗机组多发原则，对各企业交易指标进行优化调整
		交易组合优化	
		交易组合优化分析	
	机组组合	机组能效测算	根据交易结果，在满足系统安全、稳定运行的条件下，以燃料成本最低、节能、环保为目标，确定在一定的调度周期内，以最小的成本（耗量）制订各机组发电计划，实现与给定负荷的平衡
		机组组合优化	
		机组经济调运	
共享协同发展中心	电煤供应协同	电煤协同分析	市场信息收集与分析、燃料成本因素分析、煤质与炉型的匹配分析、煤质与矿点的匹配分析
		年度电煤协同	对各厂年度煤炭需求订货计划进行调整审批
		月度电煤协同	对各厂月度煤炭需求订货计划进行调整审批
		燃料供应管控	燃料计划、入厂煤、入炉煤的煤质化验数据。燃料每日、周、月、季、年的消耗量和库存量
	物资采购协同	物资区域集采	各区域内的采购对标，对于大宗物资的采购效率
		物资质量跟踪	物资供应质量的事前、事中和事后全过程
		闲置物资调剂	建立闲置物资台账，将调剂物资纳入平衡利库范围
		分析统计报表	对计划、采购、库存等方面的报表进行统计分析
	检修维保服务协同	检修计划分析	通过项目预算、成本计划、外委服务、物资需求等状况，实现对检修计划的分析和统计
		维保服务分析	
	发售电热协同	电价、热价预测分析	通过电量电价预测、发电成本分析，实现电力交易计划、发电计划、供热计划的最优匹配
		发电计划与电热计划匹配	
	人才共享协同	专业人才共享库	将区域内各专业领域的高级人才纳入专业人才共享库，并实现虚拟专家团队的坐席管理
		虚拟专家坐席管理	
设备虚拟诊断中心	设备运行监控	生产运行设备监控	汽轮机、给水泵、凝结水泵、循环水泵锅炉本体、磨煤机、一次风机、送风机、引风机、磨煤机等
	设备参数监控	设备运行参数监控	汽轮机主要监控参数、锅炉主要监测参数、给水泵监控参数等
	故障预警	设备故障预警	故障预警采用机理建模、数据分析、人工智能等方法，根据设备运行状况或参数本身的变化趋势，在故障发生的早期或是潜在阶段，提前发现异常并发出故障预警，便于消除系统运行的潜在隐患
	故障诊断	设备故障诊断	实现对机组主辅机设备的动态监测，通过构建设备特征模型、建立设备健康状态知识库，实现机组和设备的故障诊断与预警。故障诊断要建立故障信息的逻辑和推理模型，实现对故障告警信息的分类和过滤

附录二
指标释义及逻辑算法

一、发电设备能力

(一) 发电设备容量

设备容量是由该设备的设计所决定的,并且标明在设备的铭牌上,亦称铭牌容量。计量单位为千瓦(kW)。

(二) 期末发电设备容量

期末发电设备容量是指报告期(月、季、年)的最后一天,发电厂实际拥有的在役发电机组容量的总和。

$$报告期末发电设备容量 = 期初发电设备容量 + 本期新增发电设备容量 - 本期减少发电设备容量$$

本期末的发电设备容量即为下一期初的发电设备容量。本指标为时点指标。

(三) 期末发电设备综合可能出力

期末发电设备综合可能出力是指报告期末一日机组在锅炉和升压站等设备共同配合下,可能达到的最大生产能力,包括备用和正在检修的设备容量。期末发电设备综合可能出力与期末发电设备容量的区别在于综合可能出力要考虑以下几方面。

(1) 设备经技术改造后并经技术鉴定综合提高的出力(含机组通流改造后增加的出力)。

（2）机组、锅炉、主要辅机设备和升压站之间配合影响的出力。

（3）设备本身缺陷的影响出力。

（4）扣除封存的发电设备出力。

二、供热生产能力

（一）供热生产能力的定义

供热生产能力是指热电厂供热设备在单位时间内供出的额定蒸汽或热水的数量，计量单位为"吨/时"。热电厂供热设备有抽汽式汽轮机、背压式汽轮机或电站锅炉等。经过中间二次转换的，按二次转换设备容量计算。

（二）供热机组容量

供热机组容量是指报告期末的最后一天，热电厂中专门用于供热的抽汽式机组和背压式机组及其他供热机组的设备总量，计量单位为千瓦。

（三）锅炉生产能力

锅炉生产能力是指锅炉每小时的蒸发量，计量单位为吨/时。

（四）期末锅炉设备容量

期末锅炉设备容量是指报告期末一日，发电厂全部锅炉（发电及供热用生产锅炉）的铭牌容量的总和。报告期末容量，即为下一期初容量。

（五）锅炉平均容量

锅炉平均容量是指锅炉设备在报告期内，按日历时间平均计算的容量。其计算方法为：每台锅炉的设备容量乘以报告期内该锅炉构成本厂锅炉设备容量小时数之积的总和，除以报告期日历小时数所得的商。即：

$$报告期锅炉平均容量 = \frac{\sum \left(锅炉铭牌容量 \times 报告期内该锅炉构成本厂锅炉设备量的小时数 \right)}{报告期日历小时数}$$

由于锅炉设备一般变化不大，所以采用下列简化公式计算：

$$报告期锅炉平均容量 = 报告期期初锅炉设备总容量 + \frac{\sum\left(\begin{array}{c}报告期内新\\增锅炉容量\end{array} \times \begin{array}{c}新增容量自投产至报告\\期末之间的日历小时数\end{array}\right)}{报告期日历小时数} - \frac{\sum\left(\begin{array}{c}报告期内拆除\\锅炉容量\end{array} \times \begin{array}{c}自动工拆除至报告\\期末之间的日历小时数\end{array}\right)}{报告期日历小时数}$$

（六）期末锅炉可能出力

期末锅炉可能出力是指从报告期末锅炉设备总容量中，扣除因锅炉本身及其附属设备存在缺陷所限制的出力，即得出期末锅炉可能出力。它包括正在检修中的设备能力。

（七）期末锅炉实际可能出力

期末锅炉实际可能出力是指报告期末的锅炉设备实际可能达到的生产能力，即期末锅炉可能出力减去正在检修的设备能力。

三、产量及主要技术经济指标

（一）发电量

发电量是指电厂（机组）在报告期内生产的电能量。

计算公式如下：

$$某发电机组日发电量 = \left(\begin{array}{c}该机组发电机端电\\能表当日24点读数\end{array} - \begin{array}{c}该电能表上\\日24点读数\end{array}\right) \times 该电能表倍率$$

$$全厂发电机组日发电量 = \sum\left(\begin{array}{c}发电机组报告期末\\24点电能表读数\end{array} - \begin{array}{c}该电能表上期\\末24点读数\end{array}\right) \times 该电能表倍率$$

$$某发电机组月发电量 = \left(\begin{array}{c}该机组发电机端电能表\\当月末最后一日24点读数\end{array} - \begin{array}{c}该电能表上月末\\最后一日24点读数\end{array}\right) \times 该电能表倍率$$

$$全厂发电机组月末发电量 = \sum 某发电机组月发电量$$

$$全厂发电机组月累计发电量 = \sum 全厂发电机组月发电量$$

(二) 发电设备平均利用小时

发电设备平均利用小时是指报告期内发电量与发电设备平均容量的比率，是反映发电设备时间利用水平的指标。计算公式为：

$$发电设备平均利用小时 = \frac{发电量}{发电设备平均容量}$$

(三) 发电设备平均容量

发电设备平均容量是指发电机组在报告期内按日历小时平均计算的容量。如在报告期内发电机组无增减变化，则发电设备平均容量等于期末发电设备容量。如发电机组有新增或减少（拆迁、退役、报废），则发电设备平均容量应按下述方法计算：

$$报告期内发电设备平均容量 = \frac{\sum 发电机组容量 \times 报告期内该机组构成本厂发电设备的小时数}{报告期日历小时数}$$

计算时可采用下列比较简便的方法：

$$报告期内发电设备平均容量 = 期初发电设备容量 + 本期新增发电设备容量 - 本期减少发电设备容量$$

$$= 期初发电设备容量 + \frac{\sum 报告期内新增发电设备容量 \times 新增设备容量自投产到报告期末的日历小时数}{报告期日历小时} -$$

$$\frac{报告期内减少发电设备容量 \times 该机组自报批准拆除或报废到报告期末的日历小时数}{报告期日历小时数}$$

(四) 最高负荷

最高负荷是指报告期内，每小时（或 15 分钟或 30 分钟）记录的负荷中数值最大的一个。综合最高负荷，应在同一时间的负荷总和数值中取最大的一个。如发电厂取每台发电机组在同一时间的发电负荷总和中数值最大的一个为该厂的发电最高负荷。供热最高负荷亦如此计算。

(五) 发电最低负荷

发电最低负荷是指报告期（日、月、季、年）内记录的负荷中数值最小的一个。

（六）平均负荷

平均负荷是指报告期内瞬间负荷的平均值，表明发、供、用电设备在报告期内达到的平均生产能力和用电设备平均开动的能力。计算公式为：

$$报告期内发电平均负荷 = \frac{报告期发电量}{报告期运行小时数}$$

（七）负荷率

负荷率是平均负荷与最高负荷的比率，说明负荷的差异程度。数值大，表明生产均衡，设备能力利用高。计算公式为：

$$负荷率 = \frac{报告期平均负荷}{报告期最高负荷} \times 100\%$$

（八）发电厂用电量

发电厂用电量为发电厂生产电能过程中消耗的电能，发电厂用电量包括动力、照明、通风、取暖及经常维修等用电量，设备属电厂资产并由电厂负责其运行和检修的厂外输油管道系统、循环管道系统和除灰管道系统等的用电量。既包括本厂自发的用作生产耗用电量，还包括购电量中用作发电厂用电的电量。以下不能计入电厂发电（供热）用电量。

（1）新设备或大修后设备的烘炉、煮炉、暖机、空载运行的电力的消耗量。

（2）新设备在未移交生产前的带负荷试运行期间耗用的电量。

（3）计划大修及基建、更改工程施工用的电力。

（4）发电机作调相运行时耗用的电力。

（5）自备机车、船舶等耗用的电力。

（6）升、降压变压器（不包括厂用电变压器）、变波机等消耗的电力。

（7）修配车间、车库、外供及非生产场所（食堂、宿舍、幼儿园、学校、医院、服务公司和办公室等）耗用的电力。

（8）发电厂用电量不含供热所耗用的厂用电量。

（九）发电厂用电率

发电厂用电率是指发电厂用电量与发电量的比率。计算公式为：

$$发电厂用电率 = \frac{发电用厂用电量}{发电量} \times 100\%$$

（十）综合厂用电量

综合厂用电量即电厂全部耗用电量。

$$综合厂用电量 = 发电量 + 购网电量 - 上网电量$$

（十一）综合厂用电率

综合厂用电率是指综合厂用电量与发电量的比率。

$$综合厂用电率 = \frac{综合厂用电量}{发电量} \times 100\%$$

（十二）电厂上网电量

电厂上网电量是指该电厂在报告期内生产和购入的电能产品中用于输送（或销售）给电网的电量。即厂、网间协议确定的电厂并网点各计量关口表计抄见的电量之和。它是厂、网间电费结算的依据。

$$电厂上网电量 = \sum（电厂并网处关口计量点电能表抄见电量）$$

基数电量为各网省公司核定的计划内电量。
竞价电量为计划外通过竞价上网的电量。

（十三）购网电量

购网电量是指发电厂为发电、供热生产需要向电网或其他发电企业购入的电量。

（十四）标准煤量

标准煤量又称标准燃料或标准能源，是指将不能直接相加的各种不同发热量的燃料按一定系数折合成标准燃料。所谓标准燃料，是指每一千克含热量29271千焦的理想燃料。为了反映不同种类和品种能源的使用价值，便于计算企业的能源消耗并进行企业间的对比，需要将使用的各种能源折合成标准能源数量。

计算公式为：

$$标准煤量 = \frac{\sum 某种燃料数量 \times 该种燃料的低位发热量}{29271}$$

式中：$\frac{该种燃料的低位发热量}{29271}$ 是该种燃料的低位发热量与标准能源的热值之比，称折标准燃料系数。29271 的单位是千焦 / 千克（下同）。

（十五）发电用标准煤量

发电用标准煤量是指正常发电（供热）生产耗用的标准煤量。根据正平衡法计算的原煤、燃油等燃料的消耗量，乘以该种燃料实测低位发热量，除以标准燃料发热量 29271 千焦后算得。计算方法详见标准煤量。热电厂耗用的标准煤量必须按发电用和供热用分开计算。

$$发电耗用标准煤量 = 发电、供热用标准煤量 - 供热耗用标准煤量$$

（十六）低位发热量

低位发热量是指燃料经完全燃烧，但燃烧物中的水蒸气仍以气态存在时的反应热，不包括燃烧中生成的水蒸气放出的凝结热。

（十七）发电标准煤耗

发电标准煤耗是指火电发电厂每发一千瓦·时电能平均耗用的标准煤量。计算公式为：

$$发电标准煤耗 = \frac{发电标准煤量}{发电量}$$

（十八）供电标准煤耗

供电标准煤耗是指火力发电组每供出一千瓦·时电能平均耗用的标准煤量。它是综合计算了发电煤耗及厂电用率水平的消耗指标。因此，供电标准煤耗综合反映火电厂生产单位产品的能源消耗水平。计算公式为：

$$供电标准煤耗 = \frac{发电标准煤量}{发电量 - 发电厂用电量}$$

或：

$$供电标准煤耗 = \frac{发电标准煤量}{1 - 发电厂用电率}$$

（十九）发电用原煤量

（1）日耗用原煤量：通过计量装置，测算出当天发电耗用的原煤数量，减去应扣除的其他用煤量。有中间储仓的电厂，还应包括原煤仓、粉仓存煤期末和期初的差额。

$$\frac{日发电耗}{用原煤量} = \frac{计量装置测得的入}{炉(入仓)原煤量} \pm \frac{日末、日初}{煤差额}$$

（2）月发电耗用原煤量：通过月终盘存和收、耗之间的平衡关系计算全月耗用的原煤量。

$$\frac{月发电耗用}{原煤量} = \frac{月初}{库存} + \frac{本月}{购入} - \frac{月末}{库存} - \frac{规定}{损失} - \frac{非发电用}{（或拨出）}$$

（3）热电厂耗用的原煤及其他燃料，按发电耗用和供热耗用分开计算（标准煤量的计算式也相同）：

$$\frac{发电耗用}{原煤量} = \frac{发电、供热}{耗用原煤量} - \frac{供热耗用}{原煤量}$$

（4）低位发热量是指燃料经完全燃烧，不包括燃烧中生成的水蒸气放出的凝结热。

（二十）发电燃油耗（发电燃油耗率）

发电燃油耗是指发电厂每生产一千瓦·时电能所消耗的燃油量。计算公式为：

$$发电燃油耗 = \frac{发电消耗燃油量}{油发电量}$$

（二十一）发电燃气耗（发电燃气耗率）

发电燃气耗是指发电厂每生产一千瓦·时电能消耗的燃气量，包括天然气、燃气、尾气等。计算公式为：

$$发电燃气耗 = \frac{发电燃气量}{气发电量}$$

（二十二）发电原煤耗

发电原煤耗是指发电厂每生产一千瓦·时电能耗用的原煤量。计算公式为：

$$发电原煤耗 = \frac{发电消耗原煤量}{煤发电量}$$

（二十三）煤损率

煤损率包括煤炭到厂过程中的运损率和到厂后的存损率。

（二十四）供热量

火力发电厂在发电的同时，还要对外供出蒸汽或热水的热量，称为供热量。计量单位为吉焦（百万千焦）。

供热量包括由背压式机组、抽汽式机组及锅炉供出厂外的蒸汽或热水的含热量之和，减去返回冷凝水和补给软化水的含热量后计算求得。后者用返回冷凝水量和补给软化水量分别与其温度的乘积求得。计算公式如下。

（1）无返回冷凝水时：

$$供热量 = 对用户供汽供水的热量 - 补给的软化水含热量$$

（2）有返回冷凝水时：

$$供热量 = \frac{电厂供出}{的热量} - \frac{返回的冷凝}{水的热量} - \left(\frac{对用户供汽}{供水的流量} - \frac{供汽供水的}{回水流量}\right) \times \frac{电厂补充水}{的天然温度}$$

（3）电厂如有通过热交换器供热，则对用户供汽供水的总供热量为：

$$供热量 = 直接供热部分供出的热量 + \frac{通过热交换器供出的热量}{热交换器的效率}$$

返回冷凝水的热量和补给软化水的热量用返回冷凝水量和补给软化水量分别与其温度的乘积求得。

计算供热量时应注意以下问题。

第一，供热量根据热电厂供热管道出口的流量表计算。对外供出的蒸汽流量应按流量孔板的设计参数修正。

第二，供热量应包括热电厂供给本厂生活区的热量。

第三，新装锅炉或锅炉进行改造、大修后，试运转期间对外供出的热量，应计入供热量中。

第四，供热流量表超出允许的误差范围或出现故障时，应进行调整或根据其他相应表推算其供热量。

第五，在计算热效率指标时应包括电厂自用热量部分。

（二十五）供热厂用电率

供热厂用电率指电厂在对外供热生产过程中所耗用的厂用电量与供热量的比率。计算公式为：

$$供热厂用电率 = \frac{供热用厂用电量}{供热量}$$

热电厂的厂用电率要分别计算发电厂用电率和供热厂用电率。为此，必须将热电厂的全部厂用电量划分为发电耗用和供热耗用两部分。先计算出各自的直接用电量，然后将发电、供热共用的电量按照发电和供热消耗的热量比进行分摊，计算出供热与发电所用的厂用电量。计算公式为：

$$供热厂用电量 = 纯供热厂用电量 + 发电、供热共用电量 \times \frac{供热耗热量}{发电、供热总耗热量}$$

$$= 纯供热厂用电量 + \left(全部厂用电量 - 纯发电厂用电量 - 纯供热厂用电量\right) \times \frac{供热耗热量}{发电、供热总耗热量}$$

$$= 全部厂用电量 - 发电厂用电量$$

$$发电厂用电量 = 纯发电厂用电量 + 发电、供热厂用电量 \times \frac{发电耗热量}{发电、供热总耗热量}$$

$$= 纯发电厂用电量 + \left(全部厂用电量 - 纯发电厂用电量 - 纯供热厂用电量\right) \times \frac{发电耗热量}{发电、供热总耗热量}$$

式中：

（1）发电、供热总耗热量 = 各汽轮机进汽的含热量 − 锅炉给水总含热量 + 自锅炉至减压减温器及直接对用户的供热量

$$= \sum (燃料量_i \times 低位发热量_i)$$

（2）纯发电厂用电量：指循环水泵、凝结水泵等的用电量。

（3）纯供热厂用电量：指热网水泵、供热蒸发站等的用电量。

（二十六）发电（供热）水耗率

发电（供热）水耗率是指发一千瓦·时电量或供出一吉焦热量所耗用的水量。计算公式分别为：

$$凝汽电厂发电水耗率 = \frac{耗水量}{全厂发电量} \times 100\%$$

$$热电厂发电水耗率 = \frac{全厂耗水总量 - 热网补水量 \times 电分摊比}{全厂发电量}$$

$$热电厂供热水耗率 = \frac{全厂耗水总量 - 热网补水量 \times 热分摊比 + 热网补水量}{全厂供热量}$$

（二十七）供热耗用标准煤量

供热耗用标准煤量是指正常供热生产耗用的标准煤量。用根据正平衡法计算原煤、燃油等燃料的消耗量，乘以该种燃料实测低位发热量，除以标准燃料发热量29271千焦后算得。热电厂耗用的标准煤量必须按发电用和供热用分开计算。

$$发电耗用标准煤量 = 发电、供热用标准煤量 - 供热耗用标准煤量$$

式中，供热耗用标准煤量的计算，根据不同的供热方式，采用不同的计算方法。

（1）由供热式汽轮机组供热：可将发电、供热耗用的标准煤总量，按照发电、供热消耗的热量比重划分计算。公式为：

$$\frac{供热耗用}{标准煤量} = \frac{发电、供热耗用}{标准煤总量} \times \frac{供热量}{发电供热总耗热量}$$

供热耗用原煤及其他燃料的数量，也可按上述方法划分。

（2）由锅炉直接供热，计算公式为：

$$\frac{供热耗用标准}{煤量} = \sum \frac{锅炉供热量}{锅炉热效率 \times 29271（千焦/千克）}$$

（二十八）供热负荷

热电厂对外供热实际承担的供热负载。

(二十九）供热标准煤耗

热电厂每供出 100 万千焦热量平均耗用的标准煤量。计算公式为：

$$供热标准煤量 = \frac{供热标准煤量}{供热量}$$

$$供热标准煤耗 = \frac{发电供热标准煤总耗用量}{} \times \frac{供热量}{发电供热总耗热量}$$

(三十）供热原煤耗

供热原煤耗是指热电厂每供出一吉焦热量所消耗的原煤量。计算公式为：

$$供热原煤耗 = \frac{供热消耗原煤量}{供热量}$$

(三十一）供热燃油耗

供热燃油耗是指热电厂每供出一吉焦热量所消耗的燃油量。计算公式为：

$$供热燃油耗 = \frac{供热消耗燃油量}{供热量}$$

(三十二）供热燃气耗

供热燃气耗是指热电厂每供出一吉焦热量所消耗的燃气量，包括天然气、煤气、尾气等。计算公式为：

$$供热燃气耗 = \frac{供热消耗燃气量}{供热量}$$

(三十三）电力生产总成本

电力生产总成本指企业在生产经营过程中发生的物质消耗、劳动报酬及各项其他费用，包括燃料费、购入电力费、用水费、材料费、工资及福利费、折旧费、修理费、其他费用。可取自财务成本报表。

(三十四）发电单位成本

发电单位成本指发电总成本与上网电量的比率。计算公式为：

$$发电单位成本 = \frac{发电总成本}{上网电量}$$

(三十五)供热单位成本

供热单位成本指供热总成本与供热量的比率。计算公式为:

$$供热单位成本 = \frac{供热总成本}{供热量}$$

供热总成本是指热电厂为生产热能所发生的各项生产费用,包括燃料费、水费、材料费、工资及福利费、折旧费、修理费和其他费用。

(三十六)发电单位燃料成本

发电单位燃料成本指发电燃料成本与上网电量的比率。

$$发电单位燃料成本 = \frac{发电燃料成本}{上网电量}$$

(三十七)利润总额

利润总额指企业当期实现的全部利润总额。

(三十八)职工平均人数

职工平均人数是指报告期内每天平均拥有的职工人数。

$$职工平均人数 = \frac{期初职工人数 + 期末职工人数}{2}$$

(三十九)现价总产值

现价电力总产值就是发电厂销售电量的收入(如果存在购转供情况则须减去购电费)。现价热力总产值就是发电厂销售热量的收入。

$$现价总产值 = 现价电力总产值 + 现价热力总产值$$
$$现价电力总产值 = 上网电量 \times 上网电量单价$$
$$现价热力总产值 = 供热量 \times 供热单价$$

（四十）不变价总产值

不变价总产值 = 不变价电力总产值 + 不变价热力总产值

不变价电力总产值 = 上网电量 × 上网电量不变价

不变价热力总产值 = 供热量 × 供热不变单价

（四十一）电力工业增加值

电力工业增加值是生产产品或提供服务过程中新增加的价值，是总产出和中间投入的差额。

生产法计算公式为：

工业增加值 = 现价工业总产值 − 工业中间投入 + 本期应交增值税

收入法计算公式为：

工业增加值 = 劳动者报酬 + 固定资产折旧 + 生产税净额 + 营业盈余

（四十二）工业中间投入

工业中间投入是工业企业在报告期内进行工业生产活动所消耗的外购实物产品和对外支付的服务费用，即中间物质消耗和中间劳务消耗。

工业中间投入 = 直接材料费 + 制造费用中的中间投入 + 销售费用中的中间投入 + 管理费用中的中间投入 + 利息支出

直接材料费 = 燃料费 + 材料费 + 水费

制造费用中的中间投入 = 修理费 + 其他（可从成本表的其他费用中分解取得）

销售费用中的中间投入 = 产品销售费用 − 由销售费用中开支的工资、福利费等

管理费用中的中间投入 = 管理费用 − 由管理费用中开支的工资、福利费等

（四十三）本期应交增值税

本期应交增值税是国家就产品新增价值征收的一种流转税。

本期应交增值税 = 销项税额 + 出口退税 − 进项税额转出数 − 代交的增值税（进项税额）

= 产品销售收入 × 增值税率 − 为生产应纳税产品外购部分应纳税额

（四十四）固定资产折旧

固定资产折旧是指在固定资产在使用过程中，通过逐渐损耗而转移到产品成本中去的那部分价值，即为补偿生产中所耗用的固定资产而提取的价值。

（四十五）劳动者报酬

劳动者报酬指劳动者从事生产活动时从生产单位得到的各种形式的报酬，有三种基本形式。

（1）货币工资及收入，包括企业支付给劳动者的工资、奖金及各种津贴和补贴。

（2）实物工资，包括企业以免费或低于成本价格提供给劳动者的各种物质产品和服务。

（3）企业为劳动者个人支付的社会保险，包括生产单位向企业支付的劳动、待业、人身、医疗及家庭财产保险等。

（四十六）生产税净额

生产税净额指企业向政府缴纳的生产税与政府向企业支付的生产补贴相抵后的差额。生产税有三种。

（1）价内税，如产品销售税金及附加。

（2）价外代征税，如增值税。

（3）由成本其他费用支付的税金，如房产税、车船使用税、印花税、土地使用税和资源税等。

（四十七）营业盈余

营业盈余指常住单位创造的增加值扣除劳动者报酬、生产税净额和固定资产折旧后的余额。它相当于企业的营业利润加上生产补贴，但要扣除从利润中开支的工资和福利，以及从税后利润中提取的公益金等。生产补贴指包括政策亏损补贴、粮食系统价格补贴、外贸企业出口退税收入等。

四、电、热费情况

（一）应收电费

应收电费指本月提供的上网电量应收取的电费。

（二）实收当月电费

实收当月电费指本月实际收取的本月电费。

（三）月初累计欠电费余额

月初累计欠电费余额指月初按合同或约定应该收取而未取得的累计欠电费余额。

$$月初累计欠电费余额 = 上月末累计欠电费余额$$

（四）回收本年欠电费

回收本年欠电费指本月收取的按合同或约定到本年上月月底累计应该收取而未收取的电费。

（五）本年欠电费余额

本年欠电费余额指到本月月底按合同或约定本年应该收取而未收取的本年新欠电费余额。

（六）回收往年陈欠电费

回收往年陈欠电费指本月收取的按合同或约定在去年年底应该收取而未收取的电费。

（七）往年陈欠电费余额

往年陈欠电费余额指到本月月底按合同或约定到去年年底应该收取而未收取的欠电费余额。

（八）月末累计欠电费余额

月末累计欠电费余额指到本月止按合同或约定应该收取而未收取的累计欠电费总额。

$$\begin{aligned}月末累计欠电费余额 &= 本年欠电费余额 + 往年陈欠电费余额 \\ &= 月初累计欠电费余额 - 回收本年欠电费 - 回收往年陈欠电费 + 应收电费 - 实收当月电费\end{aligned}$$

（九）应收热费

应收热费指按本月所售热量应收取的热费。

（十）实收当月热费

实收当月热费指本月实际收取的本月热费。

（十一）月初累计欠热费余额

月初累计欠热费余额指月初按合同或约定应该收取而未收取的累计欠热费余额。

月初累计欠热费余额＝上月末累计欠热费余额

（十二）回收本年欠热费

回收本年欠热费指本月收取的按合同或约定到本年上月月底累计应该收取而未收取的热费。

（十三）本年欠热费余额

本年欠热费余额指到本月月底按合同或约定本年应该收取而未收取的本年新欠热费余额。

（十四）回收往年陈欠热费

回收往年陈欠热费指本月收取的按合同或约定在去年年底应该收取而未收取的热费。

（十五）往年陈欠热费余额

往年陈欠热费余额指到本月月底按合同或约定到去年年底应该收取而未收取的欠热费余额。

（十六）月末累计欠热费余额

月末累计欠热费余额指到本月止按合同或约定应该收取而未收取的累计欠热费总额。

月末累计欠热费余额＝本年欠热费余额＋往年陈欠热费余额

$$=\begin{matrix}月初累计欠\\热费余额\end{matrix}-\begin{matrix}回收本年\\欠热费\end{matrix}-\begin{matrix}回收往年\\陈欠热费\end{matrix}+\begin{matrix}应收\\热费\end{matrix}-\begin{matrix}实收当月\\热费\end{matrix}$$

五、可靠性指标

（一）运行小时

运行小时指设备处于运行状态的小时数。

（二）备用小时

备用小时指设备处于停运备用状态的小时数。

（三）计划停运小时

计划停运小时指设备处于计划停运状态的小时数。

（四）非计划停运小时

非计划停运小时指设备处于非计划停运状态的小时数。

非计划停运指设备处于不可用而又不是计划停运的状态。

对机组，根据停运的紧迫程度分为以下5类。

（1）非计划停运（U01）——机组须立即停运或被迫不能按规定立即投入运行的状态（如启动失败）。

（2）非计划停运（U02）——机组虽不需立即停运，但须在6小时以内停运的状态。

（3）非计划停运（U03）——机组可延迟至6小时以后，但须在72小时以内停运的状态。

（4）非计划停运（U04）——机组可延迟至72小时以后，但须在下次计划停运前停运的状态。

（5）非计划停运（U05）——计划停运的机组因故超过计划停运期限的延长停运状态。

上述第（1）～（3）类非计划停运状态称为强迫停运（FO）。

（五）统计时期小时

统计时期小时指设备处于使用状态的日历小时数。

（六）可用小时

可用小时指设备处于可用状态的小时数。

$$可用小时 = 运行小时 + 备用小时$$

（七）强迫停运小时

强迫停运小时指机组处于第（1）～（3）类非计划停运状态的小时数之和。

（八）发电设备可调小时

发电设备可调小时是发电厂发电设备按照调度命令可以参加运转的时间，通常按发电厂计算综合的电厂可调小时。计算公式为：

$$电厂可调小时 = \frac{\sum 单机可调小时 \times 单机可调容量}{全厂发电设备容量}$$

式中：单机可调小时 = 单机运行小时 + 单机备用小时

单机可调容量 = 机组铭牌容量 − 限制出力容量

不论机组出力多少，只要按调度规定运转发电或调相运行就算该机组的运行小时。如果机组、锅炉和升压站等主辅设备，因电厂本身的设备故障、缺陷、事故及辅机检修等原因限制了出力，即使在备用状态也扣除该机可调容量。

（九）可用系数

$$可用系数 = \frac{可用小时}{统计期间小时} \times 100\%$$

（十）发电设备等效可用系数

发电设备等效可用系数指发电设备在报告期内实现完全发电能力的程度。计算公式为：

$$发电设备等效可用系数 = \frac{可用小时 - 降低出力等效停运小时}{报告期日历小时} \times 100\%$$

$$= 可用系数 - 机组降低出力系数$$

(十一) 强迫停运率

$$强迫停运率 = \frac{强迫停运小时}{强迫停运小时 + 运行小时} \times 100\%$$

(十二) 调峰系数

$$调峰系数 = \frac{利用小时}{运行小时} \times \frac{可用小时}{等效可用小时}$$

(十三) 可调系数

$$可调系数 = \frac{利用小时}{等效可用小时 - 备用小时}$$

(十四) 冷态、温态、热态启动

汽轮机的启动应根据制造厂规定，分为冷态、温态及热态启动。如制造厂无规定时，高温高压机组宜以高压内缸第一级金属温度为依据进行编制：

冷态：温度在200℃以下。

温态：温度在200℃以上、370℃以下。

热态：温度在370℃以上。

六、发（供）电设备考核统计指标

(一) 发（供）电设备完好率

1. 发（供）电设备台数完好率

$$发（供）电设备台数完好率 = \frac{一、二类设备台数}{评级设备总台数} \times 100\%$$

2. 发（供）电设备容量完好率

$$发（供）电设备容量完好率 = \frac{一、二类设备容量}{评级设备总台数} \times 100\%$$

（二）发电、变电设备事故率和输电线路事故率

1. 发电设备事故率

$$发电设备事故率 = \frac{发电设备事故次数}{发电设备总台数} \times 100\%$$

2. 变电设备事故率

$$变电设备事故率 = \frac{变电设备事故次数}{变电设备总台数} \times 100\%$$

3. 输电线路事故率

$$输电线路事故率 = \frac{输电线路事故次数}{输电线路总长度} \times 100\%$$

（三）发（供）电设备占用人数

1. 发电厂每千瓦职工人数

$$发电厂每千瓦职工人数 = \frac{期末职工人数}{期末发电设备容量}$$

2. 供电企业每百公里职工人数

$$供电企业每百公里职工人数 = \frac{期末职工人数}{期末线路回路长度}$$

七、电能效率指标

（一）汽轮发电机组热耗率

汽轮发电机组热耗率是指汽轮发电机组每发一千瓦·时电量耗用的热量，单位为千焦/（千瓦·时）。汽轮发电机组的热耗率不仅受汽轮机的内效率、发电机效率、汽轮发电机组的机械效率的影响，而且受循环效率、蒸汽初、终参数的影响。

汽轮发电机组热耗率的计算公式如下。

1. 无再热凝汽轮机组的热耗率

$$热耗率（无再热） = 汽耗率 \times (主蒸汽焓 - 给水焓)$$

$$汽耗率 = \frac{汽轮机耗用的主蒸汽量}{发电机的发电量} \times 100\%$$

式中，主蒸汽焓指汽轮机入口主蒸汽焓。给水焓指末级高压加热器出口联承阀后给水焓。

2. 次中间再热汽轮机的热耗率

$$热耗率（再热）= 汽耗率 \times 主蒸汽焓 - 给水率 \times 给水焓 + \dfrac{以高压缸排汽量}{计算的汽耗率} \times \left(\dfrac{再热}{蒸汽焓} - \dfrac{高压缸}{排汽焓}\right) + 再热器中喷水用的减温水耗率 \times \left(\dfrac{再热}{蒸汽焓} - \dfrac{减温}{水焓}\right)$$

式中，减温水耗率单位为千克/（千瓦·时）。

3. 背压式汽轮机的热耗率

$$热耗率 = 汽耗率 \times \left(\dfrac{主蒸}{汽焓} - \dfrac{背压}{蒸汽焓}\right)$$

4. 单抽式汽轮发电机组热耗率

$$热耗率 = \dfrac{(汽耗量 - 抽汽量) \times \left(\dfrac{汽机进口}{蒸汽焓} - 给水焓\right) + 抽汽量 \times \left(\dfrac{汽机进口}{蒸汽焓} - 抽汽焓\right)}{发电量}$$

5. 双抽式汽轮机的热耗率

$$热耗率（双抽）= 汽耗率 \times 主蒸汽焓 - 给水率 \times 给水焓 -$$

$$\dfrac{\dfrac{高压}{抽汽量} - \dfrac{高压抽汽供回}{热系统的用汽量} - \dfrac{高压抽汽加热返回}{混合水用的汽量}}{10 \times 发电量} \times$$

$$\left(\dfrac{高压}{抽汽焓} - \dfrac{高压热用户用抽汽的返回水}{与补充水混合后的混合水焓}\right) -$$

$$\dfrac{\dfrac{低压}{抽汽量} - \dfrac{低压抽汽供回}{热系统的用汽量} - \dfrac{低压抽汽加热返回}{混合水用的抽汽量}}{10 \times 发电量} \times$$

$$\left(\dfrac{低压}{抽汽焓} - \dfrac{低压热用户用抽汽的返回水}{与补允水混合后的混合水焓}\right)$$

式中，汽量以吨、电量以万千瓦·时、给水率以千克/（千瓦·时）为单位。

（二）汽轮机汽耗率

汽轮机汽耗率是指在发电机端每产生一千瓦·时的电量，汽轮机所需要的蒸汽量。计算公式为：

$$汽耗率 = \frac{汽轮机的总进汽量}{发电机发出的电量} \times 100\%$$

(三)汽轮发电机组(绝对)电效率

汽轮发电机组电效率是指电的热当量与汽轮机所耗热量的百分比。汽轮发电机组的电效率由汽轮机循环热效率、汽轮机内效率、发电机效率、汽轮机机械效率构成。计算公式为:

$$\begin{aligned}汽轮发电机组\\(绝对)电效率\end{aligned} = \frac{3600}{汽轮发电机热耗} \times 100\%$$

$$= 汽轮机循环热效率 \times 汽轮机内效率 \times 汽轮机机械效率 \times 发电机效率$$

1. 汽轮机循环效率

$$汽轮机循环效率(\%) = \frac{汽机耗热量 - 冷源损失热量}{汽机耗热量} \times 100\%$$

2. 汽轮机内效率

$$汽轮机内效率 = \frac{有效焓降(实际焓降)}{等效焓降(理想焓降)} \times 100\%$$

内部损失包括喷嘴损失、鼓风损失、余速损失、漏汽损失、湿度损失等。

3. 发电机机械效率

发电机在运行中会产生基本铁损耗、基本铜损耗、激磁损耗、附加损耗、机械损耗等。发电机机械效率的计算公式为:

$$发电机机械效率 = \frac{输出有机输出功率 - 机械损失功率}{汽轮机输出功率} \times 100\%$$

机械损失主要是指抽承、推力瓦的磨擦损失、主油泵传动损失、调速机械传动损失等。

(四)管道效率

机炉汽水循环系统热力主管道在运行中会产生节流和散热损失,这部分散热损失相对稳定。管道效率的计算公式为:

$$\text{管道效率} = \frac{\text{汽轮机入口主蒸汽焓} - \text{凝结水焓}}{\text{锅炉出口主蒸汽焓} - \text{凝结水焓}} \times \frac{\text{炉侧给水焓} - \text{凝结水焓}}{\text{机侧给水焓} - \text{凝结水焓}} \times 100\%$$

(五) 锅炉效率

锅炉效率的统计分为正平衡效率和反平衡效率两种方法。

1. 锅炉正平衡效率

根据锅炉的输入热量和输出热量直接求得的锅炉效率叫正平衡法，利用这种方法求得的锅炉效率叫作锅炉正平衡效率。计算公式为：

$$\text{锅炉（正平衡）效率} = \frac{\text{输出热量}}{\text{输入热量}} \times 100\%$$

其中，输入热量 $= \sum (\text{入炉燃料量} \times \text{燃料的应用基本低位发热量})$

$$= \text{过热蒸汽流量} \times \text{给水焓} + \text{再热器蒸汽流量} \times (\text{再热器出口蒸汽焓} - \text{再热器进口蒸汽焓}) +$$
$$\text{再热器减温水流量} \times (\text{再热器出口蒸汽焓} - \text{给水焓}) + \text{抽出饱和蒸汽量} \times (\text{饱和蒸水焓} - \text{给水焓}) +$$
$$\text{排污水流量} \times (\text{饱和水焓} - \text{给水焓})$$

2. 锅炉反平衡效率

通过试验得出锅炉在运行中产生的排烟热损失、化学未完全燃烧热损失、机械未完全燃烧热损失、锅炉散热损失、灰渣物理热损失等各种热损失。采取从入炉热量中扣除各项热损失求得锅炉效率的方法叫反平衡法，利用这种方法求得的锅炉热效率叫锅炉反平衡效率。计算公式为：

$$\text{锅炉反平衡效率} = \left[1 - \text{排烟热损失百分率} - \text{可燃气体未完全燃烧热损失百分率} - \text{灰渣未完全燃烧热损失百分率} - \text{锅炉散热损失百分率} - \text{灰渣物理热损失百分率}\right] \times 100\%$$

式中，排烟热损失：燃料燃烧后产生的大量烟气从锅炉尾部排放时带走的热量所形成的热损失。影响排烟热损失的主要因素是排烟温度与产生的排烟量。

可燃气体未完全燃烧热损失：主要是燃烧过程中所产生的可燃气体（一氧化碳、氢、甲烷等）未完全燃烧而随烟气排出形成的热损失。

灰渣未完全燃烧损失：燃煤锅炉的灰渣热损失是由飞灰、炉渣中未燃尽的残存碳形成，此项损失亦称机械未完全燃烧热损失。响机械不完全燃烧损失的因素有燃料的性质、煤粉的细度、炉膛结构、燃烧方式、锅炉负荷及运行操作水平等。漏煤热损失发生在链条炉中。

锅炉散热损失：锅炉的散热损失是炉墙、构架、管道和其他附件向周围散布的热量损失，与保温质量、外界大气温度有关，随锅炉蒸发量的增大，损失百分率减小。

灰渣物理热损失：这项损失与锅炉排出的炉渣温度有关。可直接测量，或者采用800℃，对液态排渣炉采用灰分熔化 t_3 加 100℃。

（六）发电热效率

发电热效率是指发电厂生产电能的热当量与发电耗用热量的比率，是计入了锅炉效率、管道效率、汽轮发电机组热效率后的发电效率。可用两种方法计算。

方法1：

$$\frac{发电}{热效率} = \frac{发电量 \times 3600}{发电用标准煤量 \times 29271} \times 100\% = \frac{123}{发电煤耗率} \times 100\%$$

方法2：

$$发电热效率 = 锅炉效率 \times 管道效率 \times 汽轮发电机组（绝对）电效率$$

（七）供热热效率

供热热效率是指热电厂供热与生产这些热量所耗用热量的比率。

$$供热热效率 = \frac{供热量}{供热耗用标准煤量 \times 29271} \times 100\%$$

（八）热电厂全厂热效率

热电厂全厂热效率即热电厂能源利用率，是热电厂产出的总热量与生产投入热量的比率。计算公式为：

$$热电厂全厂热效率 = \frac{发电量 \times 3600 + 供热量}{发电、供热用标准煤量 \times 29271} \times 100\%$$

八、火电厂技术经济小指标

（一）主蒸汽压力

主蒸汽压力是蒸汽状态参数之一，指电厂锅炉出口和汽轮机入口主蒸汽压力，以 PMa 表示，即兆帕。

（二）主蒸汽温度

主蒸汽温度也是蒸汽状态参数之一，指电厂锅炉出口和汽轮机入口主蒸汽温度。用摄氏温度 C 表示。电厂锅炉和汽轮机规程规定了运行温度的上下限。

主蒸汽温度和压力既是保证运行安全的监视指标，又是保证运行经济性的考核指标，从低温低压、中温中压、高温高压、超高压、亚临界压力到超临界压力大机组的出现，大大提高了电厂的循环效率，使发电煤耗率大幅度降低。

（三）排汽温度

排汽温度指汽轮机运行时末级叶片后的排汽温度。

（四）高加投入率

$$高加投入率 = \frac{高加投入时间}{机组运行时间} \times 100\%$$

（五）锅炉平均蒸发量

锅炉平均蒸发量指锅炉运行时间内的总蒸发量与运行时间的比值。

（六）发电机漏氢率

发电机漏氢率指在额定工况下，发电机每天漏氢量与发电机额定工况下氢容量的比值。

（七）自动投入率

热工自动调节系统投入率是指自动调节系统投入总数与全厂所安装的自动调节系统总数的比率，用以反映和考核全厂热工自动化水平和装置、系统运行情况。计算公式为：

$$热工自动调节系统投入率 = \frac{自动调节系统投入总数}{全厂安装的自动调节系统总数} \times 100\%$$

$$自动投入率 = \frac{自动调节系统投入总数}{全厂安装的自动调节系统总数} \times 100\%$$

计算热工自动调节系统投入率时应注意以下几方面。

（1）热工自动调节系统的运行时间大于该调节系统对应的主系统运行时间的80%以上时才能算投入正常。

（2）全厂热工自动调节系统总数按原设计的系统数统计，经主管局审定批准拆除并停用的调节器及系统可从原设计数目中扣除。

（3）热工自动调节系统因下列原因停用者，不影响其投入率的统计。

①机组处于热备用状态时。

②机炉运行试验，必须停用自动调节器时。

③机炉运行暂时不正常，必须停用自动调节器时。

（八）排烟温度

排烟温度指锅炉低温空气预热器的出口烟气温度。排烟热损失是锅炉所有损失中最大的一项，影响排烟损失的主要因素是排烟温度与排烟容积。排烟温度越高，排烟容积越大，排烟热损失就越大。

（九）烟气含氧量

烟气含氧量反映烟气中过剩空气的多少，是氧量与烟气量的体积百分比。炉烟氧含量的大小影响燃烧效果，氧量不足，烟气中会产生一氧化碳、氢、甲烷等气体，增加化学不完全燃烧热损失。

（十）冷风温度

冷风温度指锅炉低温段空气预热器入口的风温，随季节和厂房内温度高低而变化。冷风温度高，排烟热损失降低；冷风温度低，排烟热损失增加。

(十一)飞灰可燃物

飞灰可燃物指飞灰中含碳量占总灰量的百分率。飞灰可燃物反映炉内燃烧的充分程度,反映碳元素燃烧的程度,是影响锅炉效率的第二大因素。

(十二)灰渣可燃物

灰渣可燃物指灰渣中含碳量占总灰量的百分率。对煤粉炉来说这种损失非常小,可忽略不计,但链条炉、液态排渣炉的灰渣可燃物需要计入。

(十三)漏煤损失

漏煤损失指未能完全燃烧漏入灰斗的煤造成的损失。链条炉有此项损失,煤粉炉没有这项损失。飞灰、灰渣和漏煤中含碳量的多少反映机械未完全燃烧的热损失的大小。它与煤质、煤粉细度、燃烧调整有关。

(十四)真空度

真空度是指真空占大气压力的百分率。真空度的计算公式为:

$$真空度 = \frac{真空表读数}{当地大气压力} \times 100\%$$

提高真空度的目的在于降低排汽压力。排汽压力越低,绝热焓降越大,汽机热效率就越高。但有个限度,即达到极限真空为止。超过极限真空,反而不经济。

(十五)凝汽器端差

凝汽器中的蒸汽与循环水之间的热交换是通过铜管传递的。因此,在管壁内外有一个温度差,排汽温度与凝汽器出口水温度之差为凝汽器端差。计算公式为:

$$端差 = 排汽温度 - 循环水出口温度$$

凝汽器设计时选择一个设计端差,对多流程的凝汽器一般选取 4.5~6.5℃。当循环出口温度达到一定程度时,汽轮机的排汽温度由端差决定。因此,端差增大,排汽温度和压力增大,真空变坏。端差与凝汽器结构、汽阻、空气抽出系统工况、铜管的清洁程度、真空系统严密性等有关。

（十六）凝结水过冷度

凝汽器中排汽经过温度时即产生过冷。计算公式为：

$$过冷度 = 凝结水温度 - 排汽温度$$

正常时，过冷度为 0.5～2℃。过冷度产生不可逆的汽源损失，是一项影响经济性的小指标。产生原因是真空系统严密性差，漏入过量空气、凝汽器结构不良等。

（十七）循环水入口温度

循环水入口温度指进入凝汽器入口冷却水温度，是影响真空度的重要指标之一。当凝汽器热负荷和循环水量一定时，循环水入口温度越低，冷却效果越好，真空度会越高，排汽温度也随之相应降低。开式循环机组入口温度随季节气温变化；闭式循环机组入口温度除与季节气温有关外，还与冷却设备（水塔、喷水池）的冷却效率有关。

（十八）给水温度

给水温度指最后一个高压加热器出口的联承阀后给水温度（℃）。利用抽汽加热给水，目的是减少汽机侧冷源损失，提高循环热效率。给水温度与高压加热器投入率、机组负荷、加热器数量、结构关系联系紧密。给水温度（给水焓）是常用的技术经济小指标。

（十九）排污率

排污率是指锅炉排污流量占实际蒸发量的百分率。计算公式为：

$$排污率 = \frac{排污流量}{锅炉实际蒸发量} \times 100\%$$

（二十）汽水损失率

汽水损失率是指电厂热力循环系统汽水损失量占锅炉总蒸发量的百分率。计算公式为：

$$汽水损失率 = \frac{汽水损失量}{锅炉总蒸发量} \times 100\%$$

$$汽水损失量 = 发电锅炉补充水量 - \left(对外供汽量 + 发电自用汽量 - 对外供水量 - 吹灰用汽量 - 锅炉排污量\right) + 冷凝水返回量$$

（二十一）发电补给水率

发电补给水率是指化学制水供给锅炉的除盐水量占锅炉总蒸发量的百分率。计算公式为：

$$发电补给水率 = \frac{供给锅炉的除盐水量}{锅炉总蒸发量} \times 100\%$$

（二十二）给水泵用电单耗

给水泵耗电量是厂用电中最大的一项，因此，要制定合理的运行方式，注意节约用电。其计算公式为：

$$给水泵用电单耗 = \frac{给水泵用电量}{锅炉蒸发量}$$

（二十三）循环水泵耗电率

循环水泵耗电率是指循环水泵或供、回水泵耗电量占发电量的百分率。计算公式为：

$$循环水泵耗电率 = \frac{循环水泵或供、回水泵耗电量}{发电量} \times 100\%$$

（二十四）磨煤机用电单耗

$$磨煤机用电单耗 = \frac{磨煤机用电量}{入炉煤量}$$

（二十五）排粉机用电单耗

$$排粉机用电单耗 = \frac{排粉机用电量}{入炉煤量}$$

（二十六）送风机用电单耗

$$送风机用电单耗 = \frac{送风机用电量}{锅炉蒸发量}$$

（二十七）引风机用电率耗

$$引风机用电单耗 = \frac{引风机用电量}{锅炉蒸发量}$$

（二十八）除灰用电单耗

除灰用电单耗是指锅炉除灰系统所消耗的电量，包括炉排、捞渣机、碎渣机、冲灰泵、除尘泵、灰浆泵、轴封泵、电除尘器及照明用电量。除灰用电单耗是指产生一吨蒸汽所有耗的电量。计算公式为：

$$除灰用电单耗 = \frac{除灰设备耗电量}{锅炉蒸发量}$$

（二十九）输煤用电单耗

输煤用电单耗是指卸煤、上煤设备耗电量与耗煤量之比。卸煤、上煤装置包括卸蛟龙、翻车机、地牛、上煤皮带、碎煤机、振动筛、除尘设备及照明等。计算公式为：

$$输煤用电单耗 = \frac{卸煤、上煤设备耗电量}{耗煤量}$$

（三十）制水用电单耗

制水用电单耗是指电厂制一吨除盐水耗用的电量。计算公式为：

$$制水用电单耗 = \frac{制水耗电量}{合格制水量}$$

（三十一）灰分

煤炭中所有可燃物质在 815℃ ±10℃ 下完全燃烧及煤中矿物质在一定温度下产生一系列分解、化合等复杂反应后剩下的残渣，称为灰分。灰分有内在灰分和外在灰分。内在灰分（Anz）是和煤共生的，难以用洗选的方法去除；外在的灰分（Awz）是外界混入的，用洗选的方法易于去除。灰分又可分为分析煤样（即从煤炭干燥到空气干燥状态，下同）的灰分（Aad）及干燥基灰分（Ad）。其换算公式如下：

$$绝对干燥灰分 = 分析煤样灰分 \times \frac{100}{100 - 煤的内在水分}$$

(三十二) 挥发分

煤炭在 900℃ ±10℃ 下密闭加热到一分钟以后，从煤中分解出来的液体（蒸汽状态）和气体产物，减去煤中所含的水分，即为煤的挥发分。挥发分可分为空气干燥基的挥发分（Vad）、干燥基挥发分（Vd）和干燥无灰基的挥发分（Vaf）三种。三种挥发分的换算公式如下：

$$V_d = V_{ad} \times \frac{100}{100 - M_{ad}} \times 100\%$$

$$V_{af} = V_{ad} \times \frac{100}{100 - (M_{ad} + A_{ad})} \times 100\%$$

(三十三) 空气预热器漏风率

空气预热器漏风率为漏入空气预热器烟气侧的空气质量与进入该烟道的烟气质量之比率。漏风率计算公式为：

$$A_L = \frac{\Delta m_k}{m_y'} \times 100\% = \frac{(m_y'' - m_y')}{m_y'} \times 100\%$$

$$= \frac{(m_k' - m_k'')}{m_y'} \times 100\%$$

式中：A_L 为漏风率，单位为 %；

Δm_k 为漏入空气预热器烟气侧的空气质量，单位为克/立方米；

m_y'、m_y'' 分别为烟道进出口处烟气质量，单位为克/立方米；

m_k'、m_k'' 分别为空气预热器进出口空气质量，单位为克/立方米。

九、环保指标解释

(一) 燃煤收到基平均硫分

$$燃煤收到基平均硫分 = \frac{\sum 燃煤量 \times 收到基硫分}{\sum 燃煤量} \times 100\%$$

（二）废水排放量

废水排放量指电厂各个外排口排放到外环境的全部废水总量，包括外排的生产废水、冲灰水、冲渣水及厂区生活污水等，不包括直流冷却水。

（三）废水排放达标率

$$废水排放达标率 = \frac{达标排放时间}{机组总运行时间} \times 100\%$$

（四）烟尘排放量

烟尘排放量指锅炉每月排放的烟尘量。

（五）烟尘排放达标率

$$烟尘排放达标率 = \frac{达标排放时间}{机组总运行时间} \times 100\%$$

（六）平均烟尘排放浓度

$$平均烟尘排放浓度 = \frac{\sum 烟尘排放时间 \times 烟尘排放浓度}{\sum 机组总运行时间}$$

（七）灰渣综合利用率

$$灰渣综合利用率 = \frac{已综合利用灰渣量}{灰渣总排放量} \times 100\%$$

（八）SO_2 排放量

SO_2 排放量指锅炉全月排放的二氧化硫量。

（九）SO_2 排放达标率

$$SO_2 排放达标率 = \frac{该锅炉达标排放时间}{该锅炉总运行时间} \times 100\%$$

（十）SO₂ 和 NOx 平均排放浓度

$$SO_2 和 NO_x 平均排放浓度 = \frac{\sum SO_2 和 NO_x 排放时间 \times SO_2 和 NO_x 排放浓度}{\sum SO_2 和 NO_x 排放时间}$$

（十一）NOx 排放量

NOx 排放量指该锅炉全月排放的氮氧化物量。

（十二）NOx 排放达标率

$$NO_x 排放达标率 = \frac{NO_x 达标排放时间}{机组总运行时间} \times 100\%$$

（十三）厂界噪声达标率

$$厂界噪声达标率 = \frac{厂界噪声达标平均}{厂界噪声总平均分布测点数} \times 100\%$$

（十四）灰渣综合利用率

$$灰渣综合利用率 = \frac{灰渣综合利用总量}{灰渣排放总量} \times 100\%$$

（十五）环境污染事故次数（次）

环境污染事故次数指由于受到违反环境保护法规的行为和意外因素的影响，以及不可抗拒的自然灾害等原因，造成环境污染和灾害的突发事件，其直接经济损失在千元以上的事故次数。

（十六）环保纠纷次数

环保纠纷次数指因环境污染及其他环保问题引起的电厂与有关部门、周围单位或居民之间的纠纷次数。

(十七) 已获排污费补助金额

已获排污费补助金额指当月由环保等部门批准拨给的环保补助资金（含贷款）。

(十八) 排污缴费总额

排污缴费总额指当月因排放污染物而缴纳的排污费总和（含超标罚款和赔款）。

附录三

重点区域视频监控接入标准

附表2 重点区域视频监控接入标准

序号	类别	重点区域	监视内容和要求	摄像头数量/个
1	高风险作业	高风险作业区域	对高风险作业进行现场监控，按照安环部下发的要求执行	每项≥1个
2	应急值守室	应急值守室	安装于应急值守室，可清晰查看值班人员情况，实现能够覆盖应急值守室	应急值守室≥1
3	汽机	汽机房	安装于每台机组顶部（运转层），指向汽轮机组，实现监控本身及周边机组情况，满足设备状态及故障检查的需要	每台机组≥1
4	电气	升压站	安装于网控楼顶部位置或机房外侧墙，指向升压站，实现监视升压站全景	升压站≥1
5	电气	主变压器	安装于机组主变区域侧墙位置，实时监控主变区域的情况	每台机组≥2
6	电气	10千伏或6千伏配电室	安装于配电室两侧高点，实现对配电室内的监控	每个配电室≥1
7	电气	柴油机室	安装于柴油机室两侧高点，实现对柴油机室的监控	每个柴油机室≥1
8	输煤	翻车机	安装于翻车机室外墙位置，指向翻车机区域，监控翻车机的运行和工作情况	翻车机≥1
9	输煤	煤场（封闭煤场）	安装于煤场区域侧墙位置，指向煤场，监控煤场及斗轮机运行情况	煤场区域≥2
10	输煤	煤仓间	沿皮带运行方向最高点安装高清摄像头，实现全覆盖监控	对角≥2
11	输煤	卸煤沟	沿皮带运行方向最高点安装高清摄像头，监控卸煤通道	对角≥2

218

续表

序号	类别	重点区域	监视内容和要求	摄像头数量/个
12	危险区域	氨站	安装于液氨储罐区域侧柱位置，指向储罐区域，监控储罐情况；安装于液氨蒸发器房内侧墙位置，指向蒸发器区域，监控蒸发器运行情况	液氨储罐区域≥1 液氨蒸发器房≥1
13		氢站	安装于制氢或储氢区域侧墙位置，指向制氢及储氢区域，监控区域情况	制氢或储氢区域≥1
14		油站	安装于油泵房内侧墙位置，指向设备区域，监控油泵设备运行情况；安装于油罐区侧墙位置，指向油罐，监控各油罐情况	油泵房≥1 油罐区≥1
15	防火重点部位	危化品库房	安装于库房最高点，实现危化品库房区域视频监控全覆盖	每间库房≥1
16		启动锅炉房	安装于锅炉房内最高点，实现锅炉房区域视频监控全覆盖	每间库房≥1
17		发电机区域	/	每台≥1
18		电子间	最高处设置两个摄像头，实现电子间视频监控全覆盖	每个电子间≥2
19		蓄电池室	设置一个摄像头，实现蓄电池室视频监控全覆盖	≥1
20		汽轮机油系统（密封油、主机油）	密封油、主机油箱侧最高点各设置一个摄像头，实现区域视频全监控	每处≥1
21		调度室、控制室、集控室	每处设置摄像头，能全覆盖进行监控	每处≥1
22		锅炉燃油系统	锅炉房燃油平台设置一个摄像头，对冲燃烧器每侧设置一个摄像头，四角切圆燃烧器每处设置一个摄像头	每处≥1
23		锅炉制粉系统	磨煤机处设置两个摄像头，满足区域全覆盖；给煤机平台设置两个摄像头，满足区域全覆盖	每处≥2
24		封闭煤场	对角最高点各设置一个摄像头，实现封闭煤场全覆盖；对跨度长的中间区域根据实际情况增加摄像头	对角=2 中间区域≥1

续表

序号	类别	重点区域	监视内容和要求	摄像头数量/个
25	重要辅机设备	汽机侧：给水泵、凝结水泵、循环水泵区域	每个设备侧上方或每个设备房内侧上方设置不少于一个摄像头，对重要设备进行视频监控全覆盖	每个设备或每个设备区域处≥1
26	重要辅机设备	锅炉侧：引风机、送风机、一次风机、磨煤机、给煤机区域	每个设备侧上方或每个设备房内侧上方设置不少于一个摄像头，对重要设备进行视频监控全覆盖；每个脱硫吸收塔设置两个摄像头，对脱硫吸收塔区域实现视频监控全覆盖	每个设备或每个设备区域处≥1；每个吸收塔≥2
27	重要辅机设备	脱硫侧：脱硫浆液循环泵、脱水皮带、脱硫吸收塔区域		
28		燃料侧：煤场、皮带	/	/
29	进生产区	进厂大门处	最高处设置一个摄像头，实现进生产厂区大门视频监控全覆盖	每个大门口≥1
30	进煤场区	进煤大门处	最高处设置一个摄像头，实现进煤路大门视频监控全覆盖	每个大门口≥1
31	基建、技改项目	基建和技改作业现场	基建、技改中的危险性较大的分部分项工程、超过一定规模的危险性工程作业区域实现监控全覆盖	每处≥1